Wilfried Ahrens

In dubio torero

Neue juristische Stilblüten

Verlag C.H.Beck

Originalausgabe

2. Auflage. 2018
© Verlag C.H.Beck oHG, München 2015
Gesamtherstellung: Druckerei C.H.Beck, Nördlingen
Umschlagentwurf: Geviert, Grafik & Typografie, Florian Scheuerer,
unter Verwendung einer Zeichnung von Igor Zakowski/shutterstock
Umschlagabbildung: Stier: © shutterstock
Printed in Germany
ISBN 978 3 406 68215 5

www.chbeck.de

Inhalt

Vorwort 7

1. Deutsch 9

2. Gediegenes und Gedrechseltes 24

3. Kids 30

4. Verkehr 40

5. Alkohol 54

6. Diebstahl 59

7. Polizei 62

8. Tolle Einlassungen 70

9. Verständigung 87

10. Zuständigkeiten 94

11. Justiz 99

12. Knast 108

13. Wer den Schaden hat 111

14. Anwälte 120

15. Hygienische Zustände 125

16. Dr. Freud 134

17. Tierleben 143

18. In dubio torero 149

Vorwort

Ob nun zwanghaft oder nicht (siehe auch S. 46), noch einmal habe ich für Sie emsig gesammelt, kombiniert und kommentiert, und es ist dabei, wie ich hoffe, ein unterhaltsamer, bunter Strauß juristischer Stilblüten herausgekommen.

Das Stilblütenaufkommen, so scheint mir, ist durchaus zurückgegangen, und das hat seine Gründe. So wird beispielsweise immer weniger diktiert. Diese Stilblütenquelle, die früher nach dem Motto «Geschrieben wie gehört» für so manches Highlight sprachlicher Minderleistung sorgte, sie sprudelt nicht mehr so üppig. Allerdings stimmt das insofern nicht ganz, als immer mehr Zeitgenossen einem Spracherkennungsprogramm vertrauen und dort munter drauflos diktieren. Von den Folgen berichtet besonders das letzte Kapitel. Auch Online-Übersetzungen haben so ihre Tücken (mehr dazu im Kapitel «Deutsch»).

Handschriftliches dagegen, ein Terrain, auf dem man sich ohne die Chance auf spurenlose Korrektur leicht mal vertun oder vergaloppieren kann, ist in der Tat seltener geworden. Immer zahlreicher die Haushalte, in denen inzwischen auf einen PC zurückgegriffen werden kann und auf dem sich die allermeisten dann selbst versuchen. Aber nicht jeder aktiviert auch ein Rechtschreibprogramm, womöglich weil er die Beanstandungen leid ist und sich nicht ständig bevormunden lassen will. Wie schön für uns, jedenfalls in diesem Kontext.

Im professionellen Bereich von Justiz, Polizei und Anwaltschaft – auch er längst flächendeckend ausgestattet mit moderner Informationstechnik – verzichtet man übrigens anscheinend ebenfalls gern auf Korrekturhilfen.

Natürlich will ich Sie mit den gesammelten Stilblüten zum Lachen bringen, was am ehesten gelingen mag mit den Produkten derer, die mit der Materie so richtig auf Kriegsfuß stehen, sowie bei jenen, denen man solche Missgeschicke an sich nicht zutraut. Aber ein wenig Nachsicht sollten wir insgesamt schon üben. Denn mal ehrlich, wohl kaum jemand, der nicht zuweilen unsicher wäre und dann entweder nachschaut oder beherzt den Stier bei den Hörnern packt, jenen Hörnern, die für Rechtschreibung und Grammatik stehen. Im Zweifel ist eben jeder ein Kämpfer – oder etwas anders ausgedrückt: in dubio torero.

Neben den reinen Stilblüten, diesen unfreiwillig-komischen verbalen Unfällen, fanden sich auch wieder zahlreiche Kuriositäten, seien es (aber)witzige Fallkonstellationen oder schräge Formulierungen, die ich natürlich ebenfalls sammle und präsentiere, gehören sie doch gleichermaßen zu dem Quäntchen Humor, das sich selbst einer an sich so trockenen Materie wie der Juristerei abtrotzen lässt.

Einmal mehr gilt an dieser Stelle mein ganz herzlicher Dank allen treuen wie neuen Mitsammlern!

Und nun: Viel Spaß mit Justitias heiterer Seite!

Wilfried Ahrens

1. Deutsch

Ein Stilblütensammler lebt davon, dass den Protagonisten seines Erfassungsbereichs immer wieder mal sprachliche Pannen unterlaufen. Aber es gibt tatsächlich Anwälte, die sind bei ihren Diktaten hellwach und wollen partout nicht in meine Sammlung geraten.

Aus einem Schriftsatz:

Ich habe dann vorgeschlagen, dass die Klägerin Rechtsanwalt Lamm oder Rechtsanwalt Fromm – beide sind mir als sehr unkompliziert bekannt – mandatiert bzw. zu ihrer Vertretung bei Gericht bevollmächtigt und einem der beiden die Vasen zuschickt, so dass selbige (die Vasen, nicht die Anwälte) dann in einem kurzfristig anberaumten Termin in Augenschein genommen werden können.

Ja, die deutsche Sprache. Wir lieben sie, wir fordern sie ein, etwa als potenzieller Arbeitgeber, und vergessen darüber womöglich, dass man dann selbst höllisch aufpassen muss und absolut konzentriert sein sollte.

Aus einer Stellenausschreibung der Polizei:

Stressstabilität und Konzentrationsfähigkeit sowie ein sicherer Umgang in Wort und Schrift sin erforderlich.

Aus einem Ermittlungsbericht:

Der Zettel wurde formlos sichergestellt und in eine Tütte eingetüttet.

Ja, warum nicht beim T einfach mal doppelt hinlangen, steht eins doch fest: Ohne das T wäre unsere Sprache ohne Saf und ohne Kraf.

Und so ist der Bürger in puncto Sprache bei der Polizei sicherlich in guten Händen. Nicht von ungefähr drohte ein Geschädigter, der bestellte Ware nicht erhalten hatte und sich betrogen fühlte, dem Übeltäter per E-Mail an:

Da Gott sei Dank Freunde von mir bei der Polizei sind, werden mir diese mit Sicherheit gern bei der Vormolierung der Strafanzeige behilflich sein.

Das konnte man in der Tat nur hoffen.

Wobei die Polizei allerdings auch gern mal auf Kryptisches zurückgreift. Aus einer Strafanzeige:

Der Beschuldigte pöbelte das Opfer an und verletzte dieses kurz darauf grundlos mittels Fauststoßes an der rechten Augenbraue (KoPlaWu).

Ein Blick in den Bildbericht zeigte: KoPlaWu stand für Kopfplatzwunde. Und so war die KoPlaWu nur ein weiterer Beleg für die immer stärker um sich greifende AbküWu (Abkürzungswut). Übrigens: Hätte der Täter einen Schlagring benutzt, läge eine GefKV vor, also eine gefährliche Körperverletzung, und wäre das Opfer dann ohnmächtig zurückgelassen worden, hätte es sich um eine HiloPe gehandelt, eine hilflose Person.

Aber auch der rechtsuchende Bürger neigt schon mal zu originellen Vereinfachungen. So wurde in einer handschriftlichen Anzeige behauptet, ein Täter habe mit Ausrufen wie

Ferpistich!

beleidigt. Will heißen: Verpiss dich! (Geschrieben wie gehört. Dazu mehr im letzten Kapitel.)

Was den Gebrauch von Fremdwörtern angeht, leiden wir zuweilen unter Absence, einer vorübergehenden Bewusstseinsausschaltung. Dann glänzt das gesuchte Fremdwort durch Abwesenheit (Absenz). Und so können beispielsweise ungewollt Aussagen zustande kommen, die permanenten Alkoholmissbrauch in unseren Büros befürchten lassen. Selbst kurze Trinkunterbrechungen finden dann nur ungeprüft anonym statt.

Er habe die Tageseinnahme in Höhe von 8000,– € in den Tresor verschlossen und dann den vergessenen Ordner aus dem anderen Büroraum geholt. Dieser Vorgang habe nicht mehr als 5 Minuten gedauert. Laut Aussage sei während seiner Abstinenz niemand im Büro aufhältig gewesen.

Während einer Abstinenzphase schiebt man womöglich einen Affen, und bei starken Trinkern mag es zudem zu halluzinatorischen Sonderphänomenen kommen, wie dieser sprachliche Lapsus nahelegt:

Der Betreute hat mitunter auch Abstinenzhasen.

Der Gebrauch von Fremdwörtern birgt zudem stets die Gefahr von Eigentoren.

Dies so vorzutragen und den Vorgang auch noch so zu bezeichnen, wie jetzt geschehen, ist völlig dellitantisch.

Ob nun mit Fremdwörtern oder ohne, Hauptsache, am Ende wird klipp und klar gesagt, was man eigentlich bezweckt.

Mit unserer Strafanzeige möchten wir für die Zukunft verhindern, dass die Angezeigten die von ihnen wahrheitwidrigen

Behauptungen gemäß dem Schreiben ihres Anwalts an das Gericht unterlassen.

Vieles bleibt mithin im Vagen, aber es finden sich immer wieder auch minuziöse Angaben.

Ich lebe mit meinem älteren Zwillingsbruder zusammen.

Wenn der Inhalt einer Aussage juristisch stimmig ist, vergessen Juristen darüber leicht, wie das für andere Ohren klingt.

Der 1995 geborene Kläger studiert seit dem Wintersemester Biologie an der Beklagten.

(aus einem Verwaltungsgerichtsurteil; Student gegen Universität)

Das gilt auch für eine juristische Argumentation, die sich schlicht an den Gesetzestext und die von der Rechtsprechung entwickelten Kriterien und Definitionen klammert.

Da war das Fell eines Hundes durch den Biss eines anderen Hundes etwas lädiert worden. Und die Staatsanwaltschaft schrieb:

Entgegen den Ausführungen der Anzeigeerstatterin ist der Tatbestand der Sachbeschädigung offensichtlich nicht erfüllt:

Weder sind Anhaltspunkte für eine Substanzverletzung, durch welche die Brauchbarkeit des Hundes zu seinem bestimmungsgemäßen Zweck beeinträchtigt worden sein könnte, vorgetragen oder ersichtlich, noch sind Hinweise auf eine nur mit nicht unerheblichem Instandsetzungsaufwand zu beseitigende Beeinträchtigung des Erscheinungsbildes des Hundes erkennbar.

Kaum zu glauben, aber in einem Ermittlungsverfahren wegen eines Hundebisses geschah dies tatsächlich in einer Straße namens

Köterwelt.

Die Tierhalterhaftung ist sicher die eine Sache, aber hat man als Grundstückseigentümer wirklich für alles und jeden geradezustehen, so wie die Polizei hier meint?

Kurzsachverhalt in einem Anhörungsbogen an einen Beschuldigten:

Der Geschädigte ging mit seinem Hund am genannten Ort spazieren, als plötzlich ein belgischer Schäfer von Ihrem Grundstück gelaufen kam, den Hund des Geschädigten anfiel und verletzte.

Eine gewisse Steigerung zur drittletzten Geschichte ergibt sich, wenn man im eigenen Fachjargon verfangen ist und sich zugleich auf fremdes Terrain vorwagen muss.

So werden zwar Krankheiten, bisweilen sogar Organe übertragen, in einem Attest für das Gericht befürwortete ein Hausarzt aber auch

die Übertragung der Geschäftsfähigkeit vom Ehemann auf die Ehefrau.

Gemeint war die Einrichtung einer Betreuung mit entsprechenden Aufgabenkreisen.

Manche Anwälte glauben, in Zivilsachen sei es bereits damit getan, eine schlüssige Klage einzureichen, und verkennen dabei, dass es Gerichte gibt, die zusätzlich hartnäckig auf stilistischen Mindestanforderungen bestehen, etwa auf einer flüssigen Darstellung, und sich auch bei Nachbesserungsversuchen nicht so schnell zufriedengeben.

Aus einem Gerichtsbeschluss:

Die vom Gericht bereits mit dem Hinweisbeschluss vom 4.8.2014 geäußerten Bedenken gegen die Flüssigkeit der Klage bestehen fort.

Kaufmann. Bei diesem Wort mag der Laie sofort an den sprichwörtlichen «Kaufmann um die Ecke» denken. Juristen dagegen denken gleich um ein paar Ecken weiter. Sie wissen, dass die Kaufmannseigenschaft eine sehr wichtige ist und darüber entscheidet, ob im Geschäftsverkehr das gegenüber dem BGB speziellere Handelsrecht gilt. Und sie wissen auch, dass es neben dem Ist- oder Einzelkaufmann (das ist also im Zweifel jener «um die Ecke») auch noch den Kann-, Fiktiv-, Gründer- oder Scheinkaufmann zu unterscheiden gilt und dass ein Kaufmann nicht aus Fleisch und Blut bestehen muss, sondern in Form einer juristischen Person daherkommen kann, wie beispielsweise eine GmbH. Fleisch und Blut steuert bei einer GmbH die Geschäftsführung bei, die die GmbH nach außen hin vertritt. Trotzdem ist es immer die GmbH selbst, der als juristischer Person der Kaufmannsstatus zukommt. Sie ist ein so genannter Formkaufmann, und der ist, wie die Juristen wissen, nie ein Minder-, sondern stets ein Vollkaufmann.

Und ehe die Laien mich jetzt zum Vollidioten erklären, weil ich derart ins Juristische abschweife und entsprechend nerve, bitte ich um Langmut. Nur so erschließt sich nämlich jetzt unsere Frage zu Feinheiten der deutschen Sprache, die da lautet: Ist die sture Vermännlichung beim Kaufmannsbegriff eigentlich noch zeitgemäß, und zwar auch bei Personen jenseits von Fleisch und Blut, sprich bei juristischen Personen? Selbstverständlich nicht zeitgemäß, sagte sich dieser Anwalt und trug in einer Zivilklage im Namen seiner Auftraggeberin, einer GmbH, vor:

Die Klägerin ist Vollkauffrau aufgrund der Rechtsform der GmbH.

Wenn etwas eilt, kommt darüber oft anderes zu kurz, zum Beispiel die Länge eines Wortes.

Ich gebe zu, es handelt sich hier um eine besonders heikle Schnittstelle, wie diese Werbeanzeige eines Optikers zeigt. Auch ihm oder den Zeitungsmachern fehlte bei der deutschen Sprache einfach noch der Durblick.

Und ebenfalls nicht so ganz überblickte die Filiale einer bekannten Optikerkette, was sie einem Untersuchungsgefangenen zumutete, als sie ihm diese Postkarte in den Knast schickte (die Brillenanpassung war in der JVA erfolgt):

Wir freuen uns, Ihnen mitteilen zu können, dass Ihr Auftrag inzwischen fertig gestellt wurde und abholbereit für Sie vorliegt. Kommen Sie einfach bei nächster Gelegenheit einmal vorbei. Wir freuen uns auf Ihren Besuch.

Ja, wenn's denn so einfach ginge.

Die Straßenverkehrsordnung gilt selbstverständlich auch auf dem öffentlichen Grund vor unseren Haustüren, mag auch die Abschätzigkeit unter den Nachbarn dort an gewisse sprachliche Grenzen stoßen.

Aus einer privaten Anzeige wegen Straßenverkehrsgefährdung und Beleidigung gegen den Nachbarn:

Als auch ich nach diesem Ereignis aus meinem Auto ausgestiegen war, pöbelte Herr Nösel mich an. «In Deutschland herrscht Rechtsverkehr!» rief er mir lautstark über eine Entfernung von ca. 15 Metern zu.
Das konnte und wollte ich mir insgesamt verständlicherweise nicht gefallen lassen. «Du hast noch nicht mal 'nen richtigen Schulabschluss!» rief ich in seine Richtung.
«Gesocks!» rief er wiederum laut zu mir herüber.
«Gesocks» ist ja ein Wort im Plural, so dass Herr Nösel offenbar meine ganze Familie damit meinte. Herr Nösel ist sicher kein heller Kopf, aber die Unterscheidung zwischen Singular und Plural traue ich ihm schon zu.

«Gesocks» umfasst in der Tat eine Mehrheit von Personen, aber ist es wirklich ein Wort im Plural? Wohl kaum. Es heißt schließlich das Gesocks, wie das Volk, Plural die Völker. Und der Plural von Gesocks? Gesockse? Im Duden Fehlanzeige. Ein Vortrag mit Bumerang-Effekt, fürchte ich.

Wie das mit dem Bumerang funktioniert, wusste übrigens dieser Briefschreiber.

Den Stein, die Sie auf mich geworfen haben, werde ich zum Bumerang umwandeln.

Der ewige Traum des Menschen vom Fliegen. Manche trainieren erst fleißig mit einer Drohne, und eines Tages ist es dann tatsächlich so weit.

Ein Nachbar:

Herr Adler flog über unser komplettes Grundstück, über unseren Hühnerstall, unsere Kastanie und dann in diese Lücke zwischen Haus und Scheune, die nicht einsehbar ist. Dabei flog er auf Höhe unseres Küchenfensters.

Aber bekanntlich fällt nur ein Meister nicht vom Himmel.

Herr Adler flog dann erneut über unseren Zaun und stürzte wenige Augenblicke darauf in unseren Garten ab.

Fazit: Üben, üben, üben!

Zu hart darf ich übrigens mit dem Verfasser der Gesocks-Anzeige nicht ins Gericht gehen, hat die Sache mit dem Plural doch zuweilen tatsächlich ihre Tücken. So kehrten die mehrbändigen Akten von einem Anwalt mit diesem Schreiben zurück:

... danken wir für die gewährte Akteneinsicht und übersenden in der Anlage die uns überlassenen Aktenbänder zurück.

Wen jetzt meine Spitzfindigkeit stört, den bitte ich um Nachsicht. Schließlich habe ich öfter mit Leichensachen zu tun, und da geht es mitunter ebenfalls sehr kopflastig zu.

Der Leichnam besitzt eine geschätzte Größe von 170 cm, das Gesicht wird auf 75 kg geschätzt, das Aussehen erscheint altersentsprechend.

Es sind ja die Obduktionen, die oft überhaupt erst Klarheit bringen.

Spiegel Online über einen Leichenfund:

Eine Obduktion habe Hinweise auf ein Fremdverschulden gegeben, sagte ein Polizeisprecher SPIEGEL ONLINE.

Aber mal im Ernst, wirklich *erst* die Obduktion? Hieß es doch weiter:

Laut «Morgenpost Online» lag die Leiche zerstückelt in einem Müllsack und wies Stichverletzungen auf.

Im internationalen Rechtshilfeverkehr, also beispielsweise bei Ermittlungsersuchen an eine Staatsanwaltschaft im europäischen Ausland, sind gediegene Umgangsformen selbstverständlich. Da grüßt man womöglich nicht einfach Hochachtungsvoll, sondern schon mal mit Vorzüglicher Hochachtung. Und wenn in einen hierher übermittelten, übersetzten Text weitere Grußformeln einfließen, ja warum denn nicht? Ist doch schön. Hauptsache, der Dolmetscher (oder war es doch eine Online-Übersetzung?) lässt uns teilhaben an dem, was es da zu übersetzen galt.

Hier ein aus dem Italienischen übersetzter Protokollauszug in einem Auslieferungsverfahren. Es scheint gerade um die Belehrung des Beschuldigten zu der Frage zu gehen, ob er mit der Auslieferung nach Deutschland einverstanden ist.

Erforscht ihn im voraus, es wird gewarnt, dass es Recht hat:

a) *– zu, frei eingreifen, grüß Gott die notwendigen Vorsicht, um die Gefahr von Flucht oder Gewalt zuvorzukommen;*

b) *– zu, dass es nicht benutzt wird, auch nicht mit seiner Zustimmung Methoden oder Techniken geeignet zu auf der Freiheit von Selbstbestimmung einwirken oder zu die Fähigkeit verändern erinnern und die Tatsachen schätzen;*

c) *– dass seine Erklärungen sepre ihr ihm gegenüber benutzt werden können; dass, ich rette, was die Allgemeinheiten betrifft, hat es Vermögen, nicht auf einige Fragen zu antworten, ffermo, jedenfalls bleibend, dass das Verfahren seinem Kurs folgen wird; dass, wenn es Erklärungen machen wird auf macht concernenti die Verantwortung von anderen, es wird in Bestellung zu ihnen das Büro von Zeugen annehmen grüß Gott die zum Artikel vorgesehenen Unvereinbarkeiten 197 Kode von Strafrechtlicher Prozedur und den Garantien von dem zum Artikel 197 Sonder Kode von Strafrechtlicher Prozedur.*

Super!

Ähnliches kriegen aber auch deutsche Muttersprachler hin. In seinem Brief an die

Sehrgerte & Sehrgerter Startsanwaltschaft

versuchte ein Angeklagter, für sein Berufungsverfahren gut Wetter zu machen.

Dabei zeigte er sich

a) reuig

Es Wahr Nicht Richtig Von Mir Das Ich Die Meiste zeit Im Meinem Leben Vergoldet Habe Für Scheiße Bauen. Wenn Ich Konnte Würdet Ich Mich Für Jeden Einzigen Menschen Die Ich Unrechtgeleistet Habe Für Meinen Taten Mich Endschuldigen.

b) viel versprechend für die Zukunft

Abzuvort Habe Ich Aus Meinen Fehlern Gelernt Und Ich Möchte Mich Entern Wenn Sie Mir Eine Schonze Geben. Dann Werdet Ich Mich Ansträngern Das Ich Keinen Miss Mehr Baue.

c) sowie einsichtig, was seine Schreibkünste anging.

P.s. Meine Rechtschreibung Ist Nicht So Toll. Bin In Der 6 klasse Nicht Mehr Zu Schule Gegangen Voll Dumm Von Mir. Sorry.

Oft reicht ja einfach aus, dass man ahnt, was gemeint ist. Eine Darstellung wird nicht deshalb notleidend, nur weil die Wortwahl krankt.

Die GmbH hat von der EuroHyp ein Paket wehleidiger Darlehen erworben, mit der Ungewissheit der Werthaltigkeit der Sicherheiten.

Ist die Muttersprache Deutsch, so kann sie leicht mal durchscheinen, beispielsweise wenn wir uns im Englischen versuchen.

Hi,
I am very interested in this car. ....
Do I get more information about the car please? And it has any damage? (I hope mal nicht)

Nicht leicht hatte es umgekehrt diese Doktorandin aus England, die sich mit strafrechtlichen Fragen zur deutschen Praxis beschäftigen wollte und in ihrem Schreiben an die hiesige Justiz deutlich machte, wie intensiv sie in die Materie einzusteigen gedachte.

Ich wollte gern auch fragen, ob ich die Akten der Gerichte und Staatsanwaltschaften betreten kann.

Bei der Lektüre meiner Akten beobachte ich immer wieder einen laxen Umgang mit Dativ und Akkusativ. Da hält sich hartnäckig eine Version, die grammatikalisch schon mal die eigene Schwester zum Tatwerkzeug mutieren lässt.

Der Beschuldigte schlug seine Schwester in das Gesicht.

Kontrollfrage: Wem schlug der Beschuldigte ins Gesicht? Seiner Schwester. Wen aber schlug der Beschuldigte (einem anderen) in das Gesicht? Seine Schwester. Die Arme.

Solche Feinheiten werden im Gerichtssaal nicht erwartet. Dort reicht oft, wenn die Verständigung im Wesentlichen klappt. Ansonsten gibt es Dolmetscher, die allerdings ebenso wie drohende Strafen eins sein können: empfindlich.

Sitzungsvermerk der Staatsanwaltschaft:

Obwohl der Dolmetscher ordnungsgemäß geladen worden war, erschien er verspätet, so dass die Erörterungen zur Person des Angeklagten, der vorgab, insoweit der deutschen Sprache ausreichend mächtig zu sein, ohne Übersetzer erfolgten. Nach Erscheinen des Dolmetschers entschloss sich das Gericht, diesen wieder zu entlassen, da es den Anschein hatte, dass der Angeklagte tatsächlich die deutsche Sprache verstand und sich in dieser auch mitteilen konnte.

Im Hinblick auf die dem Angeklagten drohenden empfindlichen strafrechtlichen Konsequenzen, insbesondere eine Freiheitsstrafe ohne Bewährung, unterbreitete ich den Vorschlag, den Dolmetscher zunächst nicht zu entlassen, da meiner Auffassung nach die bisherigen Erörterungen keinen sicheren Rückschluss auf tatsächlich vorhandene Deutschkenntnisse zuließen.

In arroganter, überheblicher und flegelhafter Art lehnte der Dolmetscher ohne ersichtlichen Grund seine Übersetzertätigkeit in hiesigem Verfahren ab. Wörtlich führte er aus: «Der Angeklagte hat sich für die deutsche Sprache entschieden, also werde ich hier und heute nicht übersetzen!»

2. Gediegenes und Gedrechseltes

In einem Strafbefehl warf die Staatsanwaltschaft einem Mann vor, eine Frau beleidigt zu haben,

... indem Sie

in den frühen Morgenstunden zwischen 00:00 *Uhr und* 02:00 *Uhr bei der Geschädigten Schmidt in deren Wohnung anriefen, ohne Ihre Identität anzugeben, und gegenüber der Zeugin sinngemäß erklärten, dass Sie vorbeikommen würden, um mit der Geschädigten den Geschlechtsverkehr auszuüben, und Sie so gegenüber der Zeugin zum Ausdruck brachten, dass Sie diese als eine Person erachten, die zum einen Gefallen an derartigen Anrufen finden würde und zum anderen bereit sei, mit einem ihr nicht näher bekannten Mann auf entsprechende Ankündigung den Geschlechtsverkehr auszuüben.*

Das hört sich – mit Verlaub – fast nach einer höflichen Anfrage an. Aber dieser Eindruck ist nur der Zurückhaltung des formulierenden Staatsanwalts geschuldet. Die ganze Dimension der dreisten Beleidigung wird nämlich erst deutlich und hätte als Konkretisierung des Vorwurfs an sich schon ausgereicht, wenn man sich hier zu einem wörtlichen Zitat durchgerungen hätte. Nach Aussage der Geschädigten hatte der Täter nämlich am Telefon gesagt: «Du schnuckelige Maus, ich komme vorbei, dann werde ich dich durchficken.»

Höflich jedenfalls diese Nachfrage eines Anzeigeerstatters bei der Staatsanwaltschaft:

Mit großem Befremden und Zweifel an unser Rechtsempfinden bzw. auch Kultur, mit anderen Menschen umzugehen, darf ich gütigerweise jetzt eine Anfrage stellen, was aus meiner Strafanzeige geworden ist.

Und wie lässt sich am Ende eines Briefes das eigene Anliegen noch einmal zusammenfassend unterstreichen? Vielleicht ganz einfach so:

Eigentlich bitte ich nur Folgendes einzuhalten, und zwar oben Genanntes.

Wie sag ich's meinem Kunden? Die Justiz stellt sich diese Frage in vielfältiger Weise. Möglichst verständlich, klar und eindeutig soll es zugehen, und natürlich höflich, versteht sich. Aber auch mit persönlicher Note? Manchmal meint man darauf verzichten zu können. Dann endet ein standardisiertes Schreiben, wie hier an einen säumigen Geldstrafenzahler, so:

Mit freundlichen Grüßen

Dieses Schreiben wurde elektronisch erstellt und ist daher nicht unterschrieben.

Das reizte den Adressaten zum

EINSPRUCH

Liebe Staatsanwaltschaft!

Ein bisschen gruselt es schon, sich so an die ganze große Staatsanwaltschaft wenden zu müssen. Indes, nur Du bleibst mir als Gesamtheit; einen an mich Schreibenden hast Du nicht benannt. Deine Bürgernähe und Bürgerfreundlichkeit solltest Du verbessern. Unter uns im Vertrauen: Du bist doch nicht etwa ein Gerät und Rechner?!

Ich danke Dir, dass Du mich eigens darauf hingewiesen hast. Ja, Dein Schreiben ist nicht unterschrieben. Es ist ohne Rechtskraft und nichtig.
Hiermit erhebe ich Einspruch gegen Deine unterschriftlose Mitteilung. Oder besagt das geltende Recht und Gesetz, dass ich mich täuschen lassen muss?

Dann folgte die Unterschrift, und unter der stand:

Dieses Schreiben ist untertanenerstellt und bedarf der Unterschrift.

Es stimmt ja durchaus, die Staatsanwaltschaft selbst ist Besseres gewohnt als blutleere Anschreiben. Als sie einer Firma schon länger bestimmte Kosten schuldete, hieß es im (unterzeichneten) Mahnschreiben:

Sehr geehrte Damen und Herren,
die Frau, die uns're Bücher führt
vor Höflichkeit sich fast geniert,
wenn sie weist hin voll Takt und Ehr',
dass Ihre Zahlung fällig wär…

Aber nicht nur mit Geldzahlungen kann man in Verzug geraten. Geradezu formvollendet bat dieser Anwalt bei Gericht um

Verlängerung der Frist zur finalen Endbearbeitung der bereits konzipierten Klageerwiderung.

Polizei an die Staatsanwaltschaft über eine Jugendliche, die Kiffen als Problemlösung für ihren Ärger mit Elternhaus und Schule ansah:

Es wird angeregt, im Rahmen von therapeutischen Maßregelungen seitens der Staatsanwaltschaft zu agieren, weil sonst der Einfluss von staatlichen Mitteln zukünftig limitiert sein wird,

*da ein kommunikativer Zugang entwicklungshistorisch ver-
sperrt sein wird.*

Wer übrigens in die Drogenszene abgleitet, findet aus diesem
Teufelskreis oft nur mit Hilfe von Fachleuten wieder heraus.
Schreiben an die Staatsanwaltschaft:

*Ich möchte gern eine ambulante Therapie machen und zu-
nächst einmal entgiften, und zwar bei Dr. Düse, der eine wirk-
liche Konifere auf seinem Gebiet ist.*

Ein anderer versuchte sich mit dieser Schreibweise: *Kurifee.*

Manche Sucht kriegt man aber wohl nur mit Gewalt in den
Griff. Ein Strafgefangener wollte das nicht einsehen.

*Ich zeige den Leiter der JVA an wegen Amtsmissbrauch und
Diskriminierung der Raucher.
Alkoholiker und Drogensüchtige bekommen ärztliche Unter-
stützung sowie Medikamente, und die Raucher sollen ihre Kip-
pen vom Hof auflesen, um die Rauchersucht überwältigen zu
können.*

Soll ein Arzt Auskünfte über seine Patienten geben, so bedarf
es dazu der Entbindung von der Schweigepflicht, was wiederum kein Fall für die Gynäkologie ist.

Die Polizei:

*Der Arzt gibt an, die Geschädigte zu kennen und sie behandelt
zu haben. Daraufhin wurde vereinbart, dass ihm ein Fax mit
der ärztlichen Entbindung von der Schweigepflicht zugesandt
wird.*

Die Thematik ist offenbar wirklich verzwickt. Aus einem Vernehmungsprotokoll:

Sind Sie einverstanden, dass Sie die Polizei in dieser Sache von der ärztlichen Schweigepflicht entbinden, so dass die Ärzte uns Auskunft über Ihre Verletzungen geben können?

Doch zurück zu gediegen Gedrechseltem. Die Polizei über die Vernehmung eines jugendlichen Geschädigten, der im Vorgespräch mehr Böses über den Beschuldigten behauptet hatte, als er in der eigentlichen Vernehmung dann zu Protokoll geben wollte:

Daraufhin wurde ein eindringliches und ermahnendes Gespräch mit dem Geschädigten geführt, da bei ihm anscheinend aus Emotionalität und Unreife heraus gedankliche Verquickungen hervorgerufen worden sind, die einer Realitätsentfremdung fördernd gegenüberstehen.

Umgekehrt wird natürlich kein derartiges Formulierungsvermögen erwartet. Hauptsache: frei heraus.

Der Jugendliche verhielt sich während der Vernehmung ruhig bis zurückhaltend und war bereit, seine Aussage zu machen.
Zunächst war leichte Furcht zu bemerken. Nachdem ihm erläutert wurde, dass hier auch sein persönliches Verhalten beurteilt wird, fasste er größeres Vertrauen und sprach frei, nach seinen gedanklichen Formulierungen, wie es vielen Jugendlichen entspricht. So benutzte er bei der Formulierung: ... falls die Polizei kommt, den Begriff: ... falls die «Bullen» kommen.
Nach Einschätzung des Unterzeichners sollte diese Formulierung jedoch keine Beleidigung der Polizeibeamten sein, sondern entspricht dem derzeitigen Sprachgebrauch unter Jugendlichen. Er signalisierte damit, dass er frei spricht.

Mit dem Nachteil allerdings, dass darüber das Wissen um die richtige Schreibweise der korrekten Bezeichnung verkümmert.

Großflächige Wandschmiererei eines jugendlichen Graffiti-Sprayers:

Polozei Ihr Huhhrensohne

Was nicht heißt, dass auf Nachsicht hoffen darf, wer fehlerfrei schreibt.

Anzeige des Bürgermeisterbüros:

Im Zusammenhang mit der Ahndung einer Verwarnungsange-legenheit hat Herr Falko Feist auf dem Überweisungsträger die Bemerkung «HURENSOEHNE» aufgeführt. Damit wendet er sich an den Personenkreis der Stadt, der mit der Bearbeitung der Sache befasst ist (Kollektivbeleidigung).

Die Stadt stellt hiermit als Dienstvorgesetzte Strafantrag wegen Beleidigung.

3. Kids

Wenn von Experten beklagt wird, eine ernst zu nehmende Anzahl von Jugendlichen vernachlässige ihre Schulpflichten und wüsste nicht, was später beruflich werden solle, so gibt es auch bemerkenswerte Ausnahmen.

Die Polizei:

Der Beschuldigte hat im Sommer seine allgemeine 9-jährige Schulpflicht erfüllt. Dann wird er die Schule nach der 7. Klasse ohne Schulabschluss verlassen. Als Berufswunsch hat er gegenüber den Lehrern «Zuhälter» genannt.

Eine Branche also, in der Behauptungswille und Durchsetzungsvermögen eine wichtige Rolle spielen. Da es sich nicht um einen klassischen Lehrberuf handelt, verschaffen sich Interessierte die nötigen Übungseinheiten selbst.

Ich kannte diesen Typen gar nicht. Plötzlich kam er auf mich zu und pestete mich mit den Worten an: «Was guckst du?! Willst mich produzieren oder was, ey??!» Und dann kriegte ich auch schon seine Faust ins Gesicht.

Aber auch bestimmter Unterrichtsstoff kann schon früh Anreiz zu vertiefender Nachbereitung bieten.

Die Polizei:

Die Klasse 3c hatte zuvor Anti-Aggressionstraining. Übungen daraus spielten das Opfer Theo und die Täter Boris und Benno in der Pause auf dem Schulhof nach.

Dann haben Boris und Benno übergangslos auf Theo eingeprü-
gelt, bis er zu Boden ging. Als er weinend am Boden lag, traten,
schlugen und boxten die beiden weiter auf Theo ein. Sie ließen
erst von ihm ab, als es zum Pausen-Ende klingelte.

Wie hieß es doch in einem richterlichen Protokoll:

Die Bewährungshelferin berichtete, es sei richtig, dass der Ver-
urteilte zunächst am Antigewalttraining teilgenommen habe.
Er habe sich insoweit ganz gut geschlagen und auch Inhalte des
Trainings verinnerlicht.

Auch wird von ergänzenden Trainingseinheiten im häuslichen
Bereich berichtet.

Wir erhielten einen Einsatz in die Veilchengasse 14. Dort sollte
ein kampfsportbewanderter Sohn gerade seine Mutter verprü-
geln.

Noch schlimmer ging es hier zu.

Der Jugendliche hatte Raketen zum Geburtstag seiner Mutter
gekauft. Als die Mutter den Garten betrat, hat der Sohn sie
ohne behördliche Erlaubnis abgeschossen.

Zuweilen kommt zudem die Frage auf, ob deklarierte Freund-
schaft nicht einfach nur als Deckmantel dient.

Bei einem Freundschafts-Fußballspiel trat der Beschuldigte von
hinten gegen die Wade des Geschädigten, wodurch das Waden-
und das Schienbein durchbrachen.

Dabei ist das Thema Fußball doch so geeignet, bei den Kids Lockerheit und die Bereitschaft zu zwischenmenschlicher Nähe zu fördern.

Beispiel gefällig?

Polizeilicher Verhaltensvermerk über die Anhörung eines 5-jährigen Mädchens, das bei einem nicht ganz belanglosen Ladendiebstahl erwischt worden war und spontan behauptet hatte, von älteren Kindern und Jugendlichen angestiftet worden zu sein.

Chantal betrat mit ihrem Vater den Vernehmungsraum und setzte sich zügig auf den ihr angebotenen Stuhl. Die Handreichung zur Begrüßung verweigerte sie aus Scham.

Dann erzählte Chantal, wie es gewesen war, jedoch anders als zunächst vermutet.

Der neben ihr sitzende Vater schmunzelte hierbei und sah augenscheinlich ein, dass der Diebstahl nicht aufgrund angeblicher Anstiftung, sondern allein durch Chantal begangen worden war.

Und das Thema Fußball?

Der Vater war mit einem BVB-Sweatshirt bekleidet. Als Chantal die Bayern-Tasse des Unterzeichners sah, sagte sie, dass Bayern Scheiße sei. Der Vater fragte: «Und Schalke?» Antwort: «Noch mehr Scheiße.»

Folge:

Ab diesem Zeitpunkt war Chantal lockerer und verabschiedete sich mit Handschlag.

Na bitte!

Schön also, um wieder an ganz oben anzuknüpfen, wenn stattdessen seriöse Berufe klassischen Zuschnitts angestrebt werden.

Ich möchte als Messer- und Schuhschleifer arbeiten, da sehe ich Chancen.

Wobei es manchmal aus rätselhaften Gründen dennoch nicht zum Traumberuf reicht. So berichtete eine Probandin ihrer Bewährungshelferin:

Leider konnte meine Tochter nicht Fotografin werden, denn sie hat auf dem rechten Auge 1,5 und auf dem linken Auge sogar 2 Oktan.

Ein scharfes Auge und Geschicklichkeit, das erfordert auch das Handwerk.

Die Meiers machen Schwarzgeschäfte mit Fenstern und Türen aus Polen. Sie kaufen die Fenster in Polen und bauen sie bei Nacht an der Steuer vorbei ein.

Zurück zu den Berufswünschen. Da muss es durchaus nicht immer beim einmal gewählten Job bleiben. Bei der Rückschau in die vielleicht nicht ganz so rühmliche jüngere Vergangenheit kam bei dieser jungen Frau sogar Ironie auf.

Aus dem Anhörbogen der Beschuldigten:

Familienstand				
☐ ledig ☒ verheiratet	☐ eingetragene Lebenspartnerschaft		☐ geschieden	☐ v
Gegenwärtig ausgeübter Beruf HAUSFRAU + MUTTER			erlernter Beruf FLORISTIN	
z.Z. der Tat ausgeübter Beruf HURE			Stellung im Beruf zur Zeit der Tat HORIZONTAL	

(HORIZONTAL)

Werden Jugendliche vernommen, so wird auch die persönliche Situation erfragt. Über ihre Freizeitaktivitäten erzählte eine 15-Jährige:

rumzicken, essen, fernsehen und mit Freundin abhängen.

Und dann geht es ja auch irgendwann mit den Jungs los. Die Polizei über die Mutter einer 15-Jährigen:

Frau Meier führte an, dass im Mai die Denise noch mit dem Kevin zusammen war und an einem Wochenende Kevin und Jonas bei Denise übernachtet haben. Am nächsten Tag war Denise dann mit dem Jonas zusammen. Kevin und Jonas seien beste Freunde gewesen.

Wie gesagt: gewesen.

Auch motorisierte Untersätze üben schon früh Faszination aus. Wenn die noch strafunmündigen Kinder allerdings mit Vatis Auto durch die Gegend gondeln, kann das für Vati ernste Folgen haben, ist doch schon ein fahrlässiges Zulassen des Fahrens ohne Fahrerlaubnis unter Strafe gestellt. Gerade wenn man also um die Begehrlichkeiten der Kids weiß, sind besondere Vorkehrungen ratsam. Aber selbst ein ausgeklügeltes Sicherheitssystem versagt, wenn es Vati übermannt.

Ich habe schon Ärger mit Polizei wegen Auto und Kinder gehabt. Deshalb habe ich so eine Hose, so eine richtig lange Badehose gekauft. Da ist eine Tasche mit so eine Kordel dran. In die Tasche mache ich immer meine Schlüssel von Auto und mein Geld rein. Manchmal ist es so, dass ich Hose nachts im Bett ausziehe. Verstehst du? So wenn ich Frau Spaß habe oder so. Dann kann ich nicht so schlafen mit Hose an Körper.
Ich habe nicht gemerkt, dass Kinder die Hose genommen haben, um Schlüssel für Auto zu nehmen. Erst als Polizei dann da war, habe ich gemerkt das Kinder Mist gemacht haben.

Ich werde in Zukunft den Schlüssel noch besser vor den Kindern weg machen, damit sie gar nicht mehr Chance haben dran zu kommen.

Es kann allerdings sein, dass dann später der nötige Erfahrungsschatz fehlt.

Aus dem Gutachten in einem Insolvenzverfahren:

Mit zwei Großkunden erlebte der Fuhrbetrieb einen Aufschwung und erreichte mit acht Fahrzeugen den Höchststand. Dann erfolgte mit der Einstellung eines Praktikanten der Niedergang des Betriebes. Dieser Fahrer hat innerhalb von sechs Wochen drei Fahrzeuge so in Unfälle verwickelt, dass jeweils Totalschäden eintraten.

Im jugendrichterlichen Dezernat sind pädagogisches Geschick und Kreativität gefragt. Denn ob die regelmäßige Auferlegung gemeinnütziger Arbeit, um einmal die häufigste Reaktion unterhalb freiheitsentziehender Maßnahmen zu nennen, wirklich greift und so etwas wie Einsicht und Änderung anstoßen kann, mag zweifelhaft sein.
Zu begrüßen sind also Initiativen wie der «Dresdner Bücherkanon», «LESEN! Aus Büchern lernen» oder «Leviten lesen», Projekte, in denen jungen Übeltätern aufgegeben wird, ein im besten Fall themenbezogenes Buch zu lesen und in der Diskussion und Auseinandersetzung mit dem Inhalt auch das eigene Verhalten zu reflektieren.
Aus einer insoweit noch bücherlosen Zeit stammt diese Auflage im Rahmen einer vorläufigen Einstellung wegen Ladendiebstahls:

Vortrag vor dem Jugendrichter über Bruchrechnung am Montag um 11 Uhr.

Für den Jugendrichter sicherlich zugleich eine schöne Gelegenheit, dem Angeklagten klarzumachen, mit welch deutlicherer Sanktion er künftig anstelle eines Ladendiebstahls, etwa bei einem Bruch, rechnen müsste.

Seinen pädagogischen Elan bewies der Jugendrichter auch in diesem Verfahren:

Einstellung gem. § 47 JGG für 2 Monate; Auflage: 5 Seiten Aufsatz über Betriebssystem LINUX.

Der Aufsatz wurde abgegeben und das Verfahren tatsächlich endgültig eingestellt, allerdings bei verbliebenem Verdacht, das Ganze könnte weitgehend aus dem Internet abgekupfert sein, kam doch alles orthographisch so auffällig korrekt daher.

Dieses Abkupfern suchte ein anderer Jugendrichter bei seiner Themenwahl zu vermeiden. Ihm kam es darauf an, dass der wegen Körperverletzung angeklagte junge Mann sich wirklich seine eigenen Gedanken machte.

Das Verfahren wird vorläufig eingestellt. Der Angeklagte wird ermahnt und wie folgt verpflichtet:
Er hat bis Monatsende eine 2 DIN-A4-Seiten umfassende Abhandlung zum Thema «Gewaltmonopol des Staates nach dem Grundgesetz für die Bundesrepublik Deutschland» auszuarbeiten.

Die Absichten des Jugendrichters gingen jedoch nicht ganz in Erfüllung.

Vermerk:
Warum der Angeklagte uns nun seine Bewerbung um eine Lehrstelle mitgeschickt hat, wird für immer unklar bleiben müssen.
Relativ klar ist hingegen, dass er das Thema der ihm aufgege-

benen Ausarbeitung klar verfehlt hat. Offensichtlich gehört das Thema «Gewaltmonopol des Staates» nicht zum Wissensstand eines Fachgymnasiasten. Ich finde das erschreckend. Erschreckend sind auch die Fähigkeiten des Angeklagten, sich angemessen in der deutschen Sprache auszudrücken.

Nun ja, angemessen auszudrücken; der Text begann mit:

Gewalt zeigt Geistliche Unreife.

Und endete mit:

Man wird durch Liebe eigensinnig und denkt das richtige zu tun, doch am Ende wird es zu schmerzhaften Gewalt deren wir uns in alle Fälle nicht bewusst sind.

Anderes dazwischen kam durchaus fehlerfrei daher, was ein verräterischer Fehler war. Der Richter weiter:

Um so mehr fällt daher auf, dass einige Teile seiner Ausarbeitung ziemlich direkt abgeschrieben sind, ohne dass er dies kenntlich gemacht hätte. Aber dafür hat er ja auch ein berühmtes Vorbild.

Womit der Richter aktuelle Ereignisse um die über weite Strecken abgeschriebene Dissertation eines bekannten Politikers aufgriff, um dann milde zu enden:

Ich halte deshalb für gut vertretbar, das Verfahren endgültig einzustellen.

Wie aber schafft man es nun, dass tatsächlich Eigenständiges abgeliefert wird? Wies der Beschluss dieses Jugendrichters dazu vielleicht den Königsweg?

Der Angeklagte wird wie folgt verpflichtet:
Er soll zusammen mit dem gesondert verfolgten Axel Achtel einen Rap-Song schreiben und performen. Dies soll dann bei YouTube eingestellt werden und der Link soll dem Gericht

mitgeteilt werden. Außerdem soll der Angeklagte einen Monat lang freiwillig auf jeglichen Genuss von Alkohol verzichten.

Ob das mit dem Alkoholgenuss klarging, blieb offen. Ich jedenfalls kam – na ja, Genuss wäre vielleicht zu hoch gegriffen; meine Neigungen liegen mehr im Jazz –, sagen wir also, ich kam in die Situation, mir dienstlich einen Rap-Song anhören zu müssen. Einer endgültigen Einstellung danach etwa zu widersprechen, fehlte mir schon das künstlerische Grundverständnis.

Wird jugendrichterlichen Weisungen und Auflagen schuldhaft nicht nachgekommen, so kann es Beugearrest setzen. Vor der Verhängung ist rechtliches Gehör in Form einer persönlichen Anhörung zu gewähren. Dieser Jugendrichter bot in der Vorladung sogar gewisse Anreize, bei ihm auch wirklich zu erscheinen.

Sie sind mein bisheriger Rekordhalter im Arrestabsitzen. Ich wäre echt neugierig, wie Sie das so gemacht haben, und bitte Sie, zum obigen Termin bei mir zu erscheinen.

Bei Aufnahme in die Jugendarrestanstalt hat jeder Proband einen Bogen über seine persönliche Situation auszufüllen. Die Vollstreckungsleitung freut sich natürlich, wenn sie dort nur Wahres liest, etwa zur Freizeitgestaltung:

Mit Kumpels abhängen, kiffen, Weiber fit machen, Party

Hauptsache, man ist ehrlich und macht aus seinem Herzen keine Mördergrube.

Freizeitgestaltung
Wie verbringen Sie Ihre Freizeit? _Saufen_

Verteiler: 1. Jugendamt
               2. Vollzugsleiter
               3. PA

Es ist die Hohlheit der Gefühle, die junge Menschen für die schiefe Bahn prädestinieren kann.

Aus einem Gutachten:

Der Proband berichtet, die Oma väterlicherseits habe ihn leer geliebt.

In Wahrheit hatte die Oma in Leer gelebt.

Und wie wird man so etwas wie ein schwerer Junge? Auch das zeichnet sich möglicherweise schon früh ab.

Vater an das Gericht:

Als Kind war Tim eine Schwergeburt.

Trotzdem kein Grund, ihm die Bewährung zu widerrufen.

Tim macht jetzt eine Klosterschulausbildung, ist endlich angekommen, hat einen festen Wohnsitz. Tim ist genau da, wo unsere Gesellschaft der Ordnung beginnt.

Wichtig sind eben Eltern, die sich für ihren Nachwuchs auch mal stark machen können.

Sie wuchs bei italienischen stämmigen Eltern auf.

Und auch unter den Bedingungen einer so genannten Patchwork-Familie kann sich ein enges Zusammengehörigkeitsgefühl entwickeln. Das zeigt allein schon dieser heftige Vorwurf einer Mutter in einer Zivilverhandlung.

Und du wagst es, deinen leiblichen Stiefsohn zu verklagen?!

4. Verkehr

Hör auf deine Frau – fahr vorsichtig! So riet in den fünfziger Jahren die Bundesverkehrswacht. Ob das befolgt wurde, mag dahinstehen. Heutzutage jedenfalls hören wir hingebungsvoll auf die Stimme in unserem Navi.

Der Betroffene befuhr mit seinem Pkw die BAB 38 auf dem rechten von zwei Fahrstreifen in Richtung West, um auf die A 7 abzubiegen. An der Ausfahrt Dramfeld wies ihn sein Navi an, hier schon abzubiegen. Er fuhr im letzten Moment nach rechts, kam in den Grünbereich, hob dort ab, flog über die Außenschutzplanke und überschlug sich anschließend.

Weiter kommt natürlich, wer noch mehr Schwung nimmt und vor allem gut getankt hat.

Der alkoholisierte Beschuldigte (1,33 Promille) kam innerorts in einer Rechtskurve nach links von der Fahrbahn ab. Er fuhr in den Vorgarten des Hauses Nr. 80 und stieß gegen die Hauswand. Anschließend fuhr er weiter durch die Vorgärten und stieß bei Haus Nr. 78 gegen die linke Giebelseite, überfuhr dann einen Blumenkübel, streifte die Hauswand der Nr. 76 über ca. 25 Meter und riss dabei den Außenwandheizer ab. Dann schoss er über einen Kieshaufen, nahm die dort befindliche Wasserpumpe unter dem Fahrzeug mit und kam an der Hauswand Nr. 74 zum Stehen.

So etwas geschieht zuweilen auch aus unerklärlichen Gründen.

Aus einer Beschuldigtenvernehmung:

Die Fahrbahn war nicht glatt, aber leicht feucht. In einer lang gezogenen Rechtskurve habe ich aus bisher unerklärlichen Gründen die Kontrolle über meinen Pkw verloren, geriet auf den Grünstreifen und bin dann gegen einen Straßenbaum gestoßen, und mein Fahrzeug hat sich anschließend überschlagen. Es kann aber auch möglich sein, dass der Alkoholkonsum eine kleine Rolle gespielt hat.

Aber wirklich nur eine Statistenrolle – bei schlappen 1,97 Promille ...

Zumal, wenn man den nächsten Fall betrachtet.

Da kommt es am helllichten Tag zu einer kleinen Vorfahrtsverletzung im Gegenverkehr durch die Beteiligte 01, hier von der Polizei choreographisch schön dargestellt.

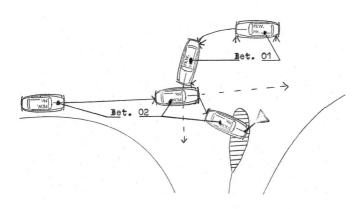

Und was pustet die Dame an einem Donnerstag um 14.40 Uhr, ihres Zeichens Lehrerin? Stolze 3,56 Promille, wobei die Blutprobe noch etwas genauer ausfiel: 3,76 Promille. Allerdings, das muss man einräumen, waren das sehr dezente Promille, hieß es doch im Polizeibericht:

Ein Alkoholgeruch konnte nicht festgestellt werden.

Ein Umstand, der sicherlich der Atmosphäre im Klassenzimmer sehr zugute kam.

Manchmal verunglückt neben einem Fahrzeug auch die Sprache.

Aus einem Bearbeitungsvermerk der Polizei:

Verkehrsunfall mit umgekipptem Sachschaden

Wenn ein abgestellter Pkw, bei dem versehentlich die Handbremse nicht angezogen worden war, gegen ein anderes Fahrzeug stößt, so ist das nichts weiter als reine Physik.

Aus dem Schreiben an die Versicherung:

Der Anstoß erfolgte lediglich durch die Anziehungskraft der Erde, da das Gelände leicht abfällig ist.

Einen abfälligen Kommentar verkneife ich mir jetzt mal.

Wegen ihrer hohen Hürden wird die Medizinisch-Psychologische-Untersuchung (MPU) bekanntlich sehr gefürchtet. Eine solche einzufordern, etwa nach Fahrerlaubnisentzug und Ablauf der gerichtlich verhängten Sperrfrist, ist allein Sache der Verkehrsbehörde. Die Strafgerichte haben mit dem «Idiotentest», wie die MPU in der Bevölkerung auch gern genannt wird, nichts zu tun. Aber man fürchtet im Allgemeinen immer das am meisten, was als Nächstes droht.

Ausruf eines aus der Balkanregion stammenden Angeklagten, nachdem ich in der Hauptverhandlung die bei einer Trunkenheitsfahrt übliche Sperrfrist für die Wiedererteilung der Fahrerlaubnis beantragt hatte:

Schickt mich zu diese idiotische Test. Aber bitte nicht diese Sperre!

Opfer einer Straßenverkehrsgefährdung waren sie geworden, ein Ehepaar und ihr Pkw. Während sie selbst mit dem Schrecken davongekommen waren, vermeldeten die Akten zum Pkw einen Totalschaden.

Auf die knappe und allgemein gehaltene Frage der Staatsanwaltschaft, wie hoch der Zeitwert gewesen sei, kam diese Antwort:

Der Zeitwert unseres Honda beträgt ca. 10 000 €, der Zeitwert meines Mannes und meiner sind in Geld leider nicht zu bemessen.

Aber es muss nicht immer schlimm ausgehen. So berichteten die Northeimer Neuesten Nachrichten:

Sechs Menschen sind bei einem Unfall in Göttingen am Mittwoch schwer verletzt worden – glücklicherweise nur leicht.

Nicht vom Fleck kommt man jedoch, wenn ein Serienkiller umgeht. Die Polizei:

Unbekannter Täter erstach bei einem abgestellten Pkw den linken Hinterreifen. Bereits die dritte Tat innerhalb weniger Tage.

Vielleicht hatte dieser Beamte ja früher mal mit Tötungsdelikten zu tun gehabt. Wer nämlich umgekehrt länger bei der Verkehrspolizei war, der kann eine entsprechende Durchfärbung seiner Diktion ebenfalls nicht leugnen.

Zwischen den beiden alkoholisierten Verursachern (Lebensabschnittsgefährten) kam es zu einer lautstarken, verbalen Auseinandersetzung. Die Situation hatte sich vor unserem Eintreffen aber bereits entfernt. Keine Hinweise auf strafbare Handlungen.

Der Titel meiner zweiten Sammlung lässt grüßen. Siehe S. 2

Zurück zu den Autoreifen. Bei einem Reifen, der offenbar besonders starke Blessuren aufwies, war sogar mal die Rede von einer

Radnarbenabdeckung.

Die Tatmotive bleiben in diesen Fällen aber meist im Verborgenen.

Die Reifen wiesen keine Messereinstiche auf, vielmehr war ein spitzer Gegenstand (Dorn oder ähnliches) benutzt worden, so dass die Luft nicht vollends entwichen war. Da ein folgenschwerer Unfall so nicht auszuschließen war, habe der Täter, nach Meinung des Geschädigten, eine ziemliche Geheimtücke gezeigt.

Die anerkannten Kilometer- und Mitfahrerpauschalen liegen für Dienstfahrten auf einem Motorrad deutlich unter denen mit einem Pkw. Diese Wertung des Reisekostenrechts schlägt natürlich auf das durch, was sich einem Mitfahrer bei privater Mitnahme abknöpfen lässt. Und so mag man sich denn trotz knapper Kassenlage eine Mitfahrt als Sozius auf einem Motorrad gerade noch leisten können.

Aus einem Zeugenfragebogen:

☒ Ja. ☐ Nein.

2. Wo befanden Sie sich im Augenblick des Vorfalles? (möglichst genaue Bezeichnung Ihres Standortes)

Mein Position beim Unfall war Sozialplatz auf Motorrad

3. Wie hat sich der Vorfall zugetragen?

Richtig kostspielig, das sei hier kurz eingefügt, sind dagegen die Plätze in unseren Altenheimen. Nachdem der Bruder in seiner Funktion als Betreuer etwas Günstigeres aufgetan hatte, berichtete er dem Gericht:

Ich habe einen Seniorensitzwechsel mit meiner Schwester vorgenommen.

Ein Fahrverbot kann böse Folgen haben. Manche fürchten sogar, Haus und Hof werde darüber zugrunde gehen.

Es droht mir Fahrverbot. Was ich mir gar nicht leisten kann und meine Familie und mich in die Ruine treiben würde.

Aber vielleicht finden sich ja straff verschlankte Sanktionsalternativen, beispielsweise im Bereich öffentlicher Verkehrsmittel.

Deswegen bitte ich Sie, einen anderen Weg für meine Bestraffung vorzuschlagen. Mit erhöhtem Busgeld wäre ich einverstanden.

Bei Hakeleien unter Autofahrern, etwa auf der Autobahn, fehlt es meistens an neutralen Zeugen. Nicht selten stehen sich dann völlig gegensätzliche Aussagen gegenüber, was zu einem Patt und einer Verfahrenseinstellung führen kann mit der Begründung an den Anzeigeerstatter, dass seiner Schilderung keine höhere Wahrscheinlichkeit zugute zu halten sei als der Schilderung des Beschuldigten. Das sah dieser Anzeigeerstatter nicht ein und führte in seiner Beschwerde aus:

Obwohl keine direkten Zeugen zu benennen sind, ist meines Erachtens die Schilderung des Tatherganges durch einen Beamten des Landes Niedersachsen (Lehrer im Ruhestand) sachlogisch nachvollziehbar und auch glaubwürdig.

Einwand: Wie wäre es denn, wenn zwei Beamte aufeinanderträfen? Entschieden dann vielleicht die Dienstjahre, der Dienstgrad, die letzte dienstliche Beurteilung?

Zumal die Zugehörigkeit zum öffentlichen Dienst teils auch kritisch gesehen wird. Ausführungen eines Gutachters, Auszug aus dem Sitzungsprotokoll:

Bei der Anmerkung, dass die Wohnung von Frau Husch völlig verwahrlost und zugemüllt war, handelt es sich um ein Zitat aus dem Schriftsatz des Rechtsanwalts. Dieser Zustand wäre typisch für eine Alzheimer-Patientin. Wäre die Wohnung aufgeräumt gewesen, würde das an meiner Diagnose allerdings auch nichts ändern. Für diesen Fall würde ich auf eine zwanghafte Persönlichkeitsstruktur schließen, welche im übrigen dadurch bestätigt werden würde, dass Frau Husch früher im öffentlichen Dienst gearbeitet hat.

(Wie zwanghaft ist eigentlich meine Stilblütensammelei?)

Übrigens wird der Beamtenstatus nicht zuletzt wegen bestimmter Vorteile im Krankheitsfall geschätzt. Aus einem Bericht der Betreuungsstelle:

Die beiden Brüder werden aufgrund ihrer COPD-Erkrankung beamtet.

Doch zurück zum Verkehr. Geschwindigkeiten richtig zu schätzen, fällt vielen schon schwer genug, aber solche gar noch zu beschreiben? Diese Dezernentin bei der Generalstaatsanwaltschaft ließ allerdings erkennen, dass sie den Dreh raus hatte.

Vor der Ausfahrt parkten Autos, so dass ein Fahrzeugführer, der vom Grundstück auf die Straße einfahren will, es grundsätzlich schwer hatte, einen Radfahrer, der sich nicht im Rentnermodus fortbewegt, frühzeitig wahrzunehmen.

Gilt es, betrunkene Fahrradfahrer aus dem Verkehr zu ziehen, weiß die Polizei genau, wo sie sich aufbauen muss. Den Rest erledigen die Ertappten:

Ich wollte mit dem Fahrrad auf dem Radweg nach Hause fahren. Leider war auf den 20 Metern, wo die Polizei stand, kein Radweg. Unglücklicherweise war ich zum Schieben des Fahrrades zu betrunken.

Letzteres wird zum Teil aber ganz anders gesehen.

Mich schickten sie dann von unserer Feier los, Zigaretten an der nahen Tankstelle zu besorgen. Ich fühlte mich sehr betrunken und merkte, dass mein Gang unsicher war. Aus diesem Grunde nahm ich mein Fahrrad mit, um mich beim Gehen abstützen zu können.
Warum ich mich dann während meines Rückweges auf mein Fahrrad setzte und versuchte zu fahren, weiß ich beim besten Willen nicht mehr. Wie die Polizei beobachtet hat, war ich zum Fahrradfahren gar nicht in der Lage.

In der Tat, aber fähig zu einer akrobatischen Glanzleistung. Die Polizei:

Wir konnten um 2.45 Uhr erkennen, wie sich uns ein Fahrradfahrer näherte und plötzlich stürzte. Er fiel dabei über das Vorderrad und schlug einen Salto in der Luft, bevor er zu Boden fiel.

Zur Frage einer Haltungsnote siehe die übernächste Geschichte.

Wird nach solchen Aktionen das Fahrrad einbehalten, weil der Beschuldigte in seinem Suff einfach nicht von einer Weiterfahrt abzubringen ist, wird man es später vielleicht nur schwer wieder los.

Staatsanwältin an Polizei:

Das Fahrrad wird hier nicht benötigt und kann an den Beschuldigten herausgegeben werden, wenn er mal nüchtern ist.

Womöglich kam er ja gerade von seiner Abschiedsfeier in dieser schönen Universitätsstadt, als man ihn nachts um 3 Uhr mit 1,81 Promille am Fahrradlenker erwischte. Kurz darauf ging es zurück ins heimatliche Afrika. Bei einem späteren Besuch erfuhr er von der Polizei, inzwischen sei ein Strafbefehl ergangen, und so erkundigte er sich per Mail bei der Staatsanwaltschaft nach Einzelheiten.

My name is XY and was informed during a recent visit that there is an outstanding note for me for cycling under the influence. When I was in Göttingen I was informed by the officer that I will be contacted once the issue has been resolved.
Can you please inform me on the status of the case and what follow-up is required from my side. The case number is…
Thanking you I advance

Aber die Gerichtssprache ist bekanntlich Deutsch, und deshalb war gleich eine Übersetzung beigefügt.

Mein Name ist XY und wurde während eines Besuchs informiert, dass es ist eine hervorragende Note für mich für das Radfahren unter dem Einfluss. Als ich in Göttingen war, wurde ich

von dem Offizier, dass ich kontaktiert elf werden das Problem behoben wurde informiert.
Kannst du bitte informieren Sie mich über den Status der Fall und welche Folgen ist von meiner Seite erforderlich. Die Fallzahl ist ...
Ich danke Ihnen voraus

Wenn es etwas zu beichten gibt, lässt man bei einer polizeilichen Verkehrskontrolle am besten gleich anfangs die Hosen runter.

Der Fahrzeugführer wurde aufgefordert, seinen Führerschein vorzulegen. Hierauf äußerte er spontan: «Ich habe keinen Führerschein. Ich wollte mal einen machen, die geben mir aber keinen mehr!»

Oft ist es ja eine Alkoholfahne, die den Ausschlag für eine genauere Überprüfung gibt. Wie aber war es hier? Anfängliche Fehlwahrnehmung der Polizei oder ein Eigentor bei der Verschleierungstaktik?

Beim Öffnen der Tür stellte der Beamte starken Alkoholgeruch fest. Es handelte sich um ein schweres Aftershave.

Letzteres vermochte jedoch nicht alles abzudecken.

Bei der Unterhaltung mit dem Polizeibeamten stellte dieser Atemalkoholgeruch fest. Der Autofahrer stimmte einem freiwilligen Atemalkoholtest zu. Dieser ergab einen Wert von 1,04 Promille.

Ertappte Alkoholsünder werden auf der Polizeiwache dann oft ganz klein und hässlich.

Aus einem Blutentnahmeprotokoll:

Untersuchungsbefund		
Körpergewicht: *181* kg	Körperlänge: *110* cm	
Konstitution		

Und auch das Selbstwertgefühl sackt in den Keller.

Aus einem Polizeivermerk:

Gegen 01:05 Uhr wurde die Blutprobe durch Dr. Stechel in der Dienststelle durchgeführt.
Zur Größe befragt, antwortete der Beschuldigte dem Arzt mehrfach, er sei einen Euro siebzig groß. Erst nach Korrektur durch PK Schmidt erinnerte der Beschuldigte sich an das Wort Meter.

Hier nun war es ein Polizeibeamter, dem die Worte fehlten. Da war jemand unter dem Einfluss von Betäubungsmitteln (Btm) gefahren, und der Beamte vermerkte:

Über Funkverkehr erfuhren wir, der Fahrzeugführer sei kontrolliert worden und habe den Daihatsu wegen Fahrens unter BMW-Einfluss dort stehen lassen müssen.

Bei Verdacht auf eine Fahrt unter Drogeneinfluss gibt es ebenfalls Testmöglichkeiten, und zwar noch vor Ort.

Aufgrund der vorhergehenden Auffälligkeiten wurde dem Betroffenen ein Urin-Vortest angeboten. Der Betroffene begab sich mit einem Becher ca. 5 Meter vom Funkstreifenwagen entfernt an den Straßenrand. Ca. 2 Minuten später kam der Betroffene mit dem Becher zurück und übergab diesen dem Unterzeichner. In dem Becher befand sich jedoch keine Urin-, sondern eine Spermaprobe.

Da hatte sich also jemand um die Urinprobe gedrückt.

Auf Nachfrage gab der Betroffene an, dass er gedrückt habe, er aber kein Urin abgeben konnte, sondern nur das, was im Becher ist.

Aber nicht erfolgreich gedrückt.

Dem Betroffenen wurde ein neuer Becher gegeben und gesagt, dass er noch ein paar Minuten warten solle, bis er Urin abgeben könne.

Und diesmal blieb ihm nichts anderes übrig.

Die sodann abgegebene Urinprobe wurde mittels eines Multidrug-Vortests getestet. Der Test war positiv auf THC, Cocain und Amphetamin.

Es gibt noch einen anderen Drogenvortest, basierend auf einer Schweißanalyse, wobei der Abstrich an Stirn oder Achselhöhle erfolgt. Als ein Beamter dazu etwas niederschrieb, unterlief ihm eine freudsche Fehlleistung, wahrscheinlich bedingt durch die räumliche Nähe zum urologischen Satzanfang.

Da der Beschuldigte keinen Urin lassen konnte, wurde ein Scheißtest – hier: DrugWipe – durch den Unterzeichner durchgeführt. Dieser Test reagierte positiv auf THC und Amphetamine.

Wird ein Autofahrer, etwa nach einer Unfallflucht, zu Hause von der Polizei in alkoholisiertem Zustand angetroffen, wird gern mal Nachtrunk behauptet, also dass man nüchtern gefahren sei und sich erst zu Hause auf den Schreck hin so richtig die Kante gegeben habe. Stimmt's tatsächlich, wäre man zumindest den Vorwurf der Straßenverkehrsgefährdung durch Trunkenheit los. Aber die Staatsanwaltschaft ist da stets skeptisch.

Vermerk:

Die Angaben der Beschuldigten, sie habe, nachdem sie zu Hause eingetroffen war, etwa 300 l Mariacron zu sich genommen, sind durch das Blutprobenergebnis meines Erachtens widerlegt.

Behauptet worden waren in Wahrheit allerdings nur sehr spezielle Liter, nämlich Milliliter.

Bei der zivilrechtlichen Aufarbeitung eines Verkehrsunfalls gab das richterliche Protokoll über die Beweisaufnahme einige Rätsel auf. Hatte sich da etwa tatsächlich ein Kapitalverbrechen angebahnt oder war jemandem einfach nur schlecht geworden?

Auf Nachfrage des Beklagten-Vertreters, wie der Kläger nach dem Unfall gewürgt habe und ob der Zeuge mit ihm gesprochen habe:

Ich habe mit dem Kläger gesprochen. Er würgte so, wie man nach einem Unfall halt so würgt. Er war etwas erregt.
Laut diktiert und genehmigt. Auf nochmaliges Vorspielen wurde verzichtet.

Eindeutig mitgenommen hatte das Unfallgeschehen dagegen hier einen der Beteiligten. Die Polizei:

Andere Beschädigungen am Auto waren vor Ort und in der Dunkelheit nicht auszumachen. Wir erläuterten beiden Parteien den Gang der versicherungstechnischen Regelung der Sache, als Herr Flau plötzlich bemerkte, dass er nun Kopfschmerzen bekomme. Er wurde auch merklich blass – und das im Dunkeln!

In Sachen Befindlichkeit also ein leuchtendes Beispiel an Klarheit.

Wenn die Kollegen bei erbetenen Ermittlungen so gar nicht in die Strümpfe kommen, bleibt auch der Polizei manchmal nur noch eines: Ironie.

Vermerk in den Akten:

Die Unfallanzeige wurde zur verantwortlichen Vernehmung des unfallbeteiligten Meier und weiterer Zeugen zur Polizei-inspektion versandt. Bei der Durchführung weiterer entsprechender Ermittlungen baten wir um Rücksicht in Hinsicht einer vorsorglichen Umsicht, mit der dringenden Bitte um Nachsicht, dass auch bei aller Vorsicht die Ermittlungen u. U. nicht vollständig zusammenbrechen.

5. Alkohol

Wenn der Beschuldigte nach Aussage von Zeugen übellaunig und düster wirkte, wird das seinen Grund gehabt haben.

Ich räume ein, dass ich zuvor Alkohol getrunken und auch Tabletten genommen hatte, und zwar Depressiva.

Apropos Depression. Bei einem Selbstmörder fand man in der Jackentasche noch den Einkaufsbeleg über das Seil, mit dem er sich erhängt hatte. Der Baumarkt sollte sein Geschäftsgebaren dringend überdenken. Auf dem Beleg stand:

Wir wünschen gutes Gelingen!

Viele Selbstmordversuche sind jedoch nicht wirklich ernst gemeint, sondern vielmehr Hilferufe von unglücklichen Menschen. Und dann gibt es da noch die, die offenbar nach Berühmtheit streben.

Betroffener gab an, nach Verbrauch von 8 Flaschen Bier habe er den Entschluss gefasst, die Polizei anzurufen, um zu melden, dass er sich nun die Schlagzeilen aufschneiden werde.

Wer zu tief ins Glas geguckt hat und im Bahnhof Reisende beschimpft, muss mit einem Bahnhofsverweis rechnen. Aber erreichte das diesen Herrn überhaupt? Ja selbstverständlich, denn zum Glück gibt es Zeitgenossen, die funktionieren auch noch voll.

Herr Zisch war in einem alkoholischen Zustand, aber noch voll funktionstüchtig. Belehrungen nahm er voll auf.

Dennoch stellt sich selbst bei Nüchternen immer wieder die Frage, ob denn Ansprachen nicht nur ankommen, sondern ob sie vor allem auch drin bleiben.

Die Vorhaltungen des Staatsanwalts gingen in mein eines Ohr mit Schallgeschwindigkeit ohne besonderen Reibungswiderstand rein und aus dem anderen Ohr wieder raus.

Typisch Hohlkopf.

Zechprellerei scheint Alkoholgenuss übrigens erst so richtig zu krönen.

Der Beschuldigte genoss in einer Gaststätte alkoholische Getränke in dem Bewusstsein, die Rechnung nicht bezahlen zu können.

Es sind die präzisen Angaben von Zeugen, die der Wahrheitsfindung auf die Sprünge helfen. Frage in einer Hauptverhandlung:

Wie stark waren Sie selbst alkoholisiert?

Antwort:

Ich würde sagen: ein Dreiviertel von richtig betrunken.

Notfalls muss uns ein Sachverständiger erklären, was in einem Menschen, der ordentlich getankt hat, im Einzelnen so vor sich geht.

Die Alkoholkonzentration wird auch durch die Durchblutung des Magen-Darm-Traktors, dessen Füllungszustand und die Wasserverteilung im Organismus beeinflusst.

Wenn es heißt, jemand habe alles doppelt gesehen, so steht das sinnbildlich für Betrunkensein. Aber auch Nüchternen kann so etwas unterlaufen.

Aus einem Urteil:

Der Geschädigte hatte über eine Videoanlage einen vollständigen Blick in seine Geschäftsräume. Zum Zeitpunkt des Betretens des Geschäftes durch den Angeklagten hielten sich in dem Uhrenladen zwei Kunden auf, bei denen es sich um eine ältere Dame handelte.

Dabei sollte man meinen, gerade ein Richter diktiere ausschließlich in nüchternem Zustand.

Der Beschuldigte ist nach den bisherigen Ermittlungen dringend verdächtig, am 1. April gegen 03.15 Uhr in alkoholiertem Zustand den Türsteher der Disko mit seinem Messer bedroht zu haben.

Anwälte stehen dem in nichts nach.

Die Beklagte wird repräsentatiert durch der Geschäftsführer, des Herrn Roland Muck.

Und geradezu beschwipst hieß es in einem Presseartikel:

Der Mann stand unter Alkoholeinfluss. Folge: Blupprobe und Führerscheinentzug.

Manche sind von einer Theke einfach nicht loszueisen, es sei denn durch kriminelle Energie.

Bislang unbekannte Täter schlugen die Scheibe in der Tür des Partyschuppens ein und öffneten die nicht verschlossene Tür

durch Hineingreifen. Sie erlangten einen Beamer, einen Leder-
gürtel und verschiedene Alkoholiker.

Alkoholkonsum ist auf Dauer schädlich. Ein gewisser gesund-
heitlicher Ausgleich sollte also schon sein.

Die Polizei:

Auf der Parkbank wird Herr Vogel angetroffen. Er ist deutlich
alkoholisiert und hat eine Bierflasche in der Hand. Herr Vogel
gehört zum hiesigen Stadtbild und hält sich oft in Parks auf.
Dort trinkt er sein Bier an frischer, gesunder Luft.

Als ein Patient vor Weihnachten entlassen werden wollte, kam
das Krankenhaus diesem Wunsch nach. Offenbar hatte dabei
die Ankündigung eines ansonsten fälligen Trinkgelages eine
wichtige Rolle gespielt.

Vor den Feiertagen trinke Herr Krug auf seine Entlassung, der
wir nachkamen.

In Wahrheit drängte er auf Entlassung.

Andere irren als verwirrte Person im Krankenhaus herum und
bändeln dabei noch an.

Auf die Zeugin, die als Krankenschwester in der Notaufnahme
arbeitet, habe er einen verwirrten Eindruck gemacht und sei
herum liiert.

Wenn sich über dem Streit um das Sorgerecht für die gemeinsame Tochter die geschiedenen Eltern im Suff verlieren, schril-
len bei Gericht die Alarmglocken.

Anwaltlicher Vortrag für den Vater:

Die Antragstellerin hat auch die Verabredung, der Antragsteller solle das Kind zum Mittagsschlaf bringen, nicht eingehalten, und zwar auch nicht in dem gemeinsamen Urlaub im Alkohol.

Bevor jedoch das Jugendamt in Marsch gesetzt wurde, erreichte das Gericht ein weiterer Schriftsatz.

... haben wir folgenden Fehler zu berichtigen. Es muss nicht «Alkohol», sondern «Allgäu» heißen.

In einer polizeilichen Anzeige hieß es:

Der Beschuldigte schlug das Opfer mit der flachen Hand ins Gesicht.

Bei der Ursachenforschung blieb der Staatsanwalt im Bild:

Der Alkoholisierungsgrad des Beschuldigten dürfte ausschlaggebend für dessen Verhalten gewesen sein.

Entspanntes Einkaufen in angenehmer Atmosphäre, so verspricht es manch ein Kaufhaus. Hier missverstand das jemand als Einladung der besonderen Art.

Der Beschuldigte nahm während seines Einkaufes eine 10er-Packung Kräutergeist aus dem Regal, öffnete die Verpackung, entnahm eine Flasche, die er sofort austrank. Während seines weiteren Einkaufes entnahm er weitere fünf Flaschen und verzehrte diese. Die leeren Flaschen legte er in unterschiedliche Regale. Nach Bezahlen seines übrigen Einkaufs wurde er angesprochen und ins Büro gebeten.

6. Diebstahl

Reisende werden gern mal beklaut, von wem auch immer.

Zeitungsmeldung:

Zivilfahnder der Bundespolizei haben am Samstagnachmittag im Frankfurter Hauptbahnhof drei Diebe auf frischer Tat festgenommen. Sie hatten zuvor einer 58-Jährigen aus Weimar die Reisetasche gestohlen.

Verbrechen lohnt sich nicht, behauptet zumindest der Volksmund. Wer dagegen auf erprobte Geschicklichkeit vertrauen kann, mag das anders sehen. In der Lern- und Aufbauphase sollte man allerdings gerade bei der Beschaffung einschlägiger Fachliteratur von krummen Touren noch Abstand nehmen.

Diebstahl in einer Buchhandlung. Auszug aus dem Protokoll des Detektivs:

Der Beschuldigte entwendetet folgende Artikel:
Bezeichnung/Titel

Verbrechen ist Vertrauenssache
(Richard Stark)

Ohne ausreichende Vorerfahrung versuchte sich ein promovierter Akademiker in einem Discounter an einem Diebstahl für 8,97 Euro und wurde prompt erwischt. Das führte in seiner schriftlichen Einlassung zu der richtigen Erkenntnis:

Somit wäre bewiesen, dass ich für so etwas nicht geeignet bin.

Ich hatte nicht genügend Geld dabei und wollte nicht zweimal einkaufen.

Oder man orientiert sich an dem, was hier eine offenbar geistig verwirrte Frau zu Protokoll gab:

Ich dachte, dass ich aus dem eigenen Geschäft klaue.

Natürlich ist ein Diebstahl ohne Zeugen immer noch die beste Methode. Sind Zeugen da, gerät das Ganze (siehe obigen Buchtitel) tatsächlich zur Vertrauenssache.

Aus einer Zeugenvernehmung:

Ich bin Berufskraftfahrer und beliefere u. a. diese Art von Einkaufsmärkten. Ich stand gegenüber der Warenanlieferung, machte Pause und schlief im Lkw, als es gegen 22 Uhr an die Tür klopfte. Vor dem Führerhaus standen zwei Männer und ein weiterer hinten im Dunkeln. Die beiden Personen erklärten mir, dass sie gleich über das große Schiebetor klettern und vom Freigelände des Marktes dort gelagerte Getränke klauen würden. Die wollten von mir wissen, ob ich meinen Mund halte, sie würden mir auch Diebesgut geben. Ich sagte, dass ich nichts haben möchte.
Ich rief dann bei der Polizei an, die die Täter noch bei der Tatausführung stellen konnte.

Fraglos eine selbstlose Tat des Zeugen. Anders lag der Fall bei diesem Zeitgenossen, der der Staatsanwaltschaft zwar konkrete Hinweise zum Aufenthalt einer Steuersünderin gegeben hatte, dann am Ende seines Briefes aber die Katze aus dem Sack ließ.

Ich hoffe, Ihnen sachdienliche Hinweise zur Ergreifung dieser Frau geliefert zu haben. Im Rahmen meiner Hilfestellung möchte ich höflichst erfragen, ob es Ihnen im Verfahren zu meiner Person mit der Geschäftsnummer XY möglich wäre, im Austausch die noch fälligen Raten zu erlassen.
Gern erwarte ich kurzfristige Information und verbleibe...

In unserer schnelllebigen Zeit sind nicht nur Fertiggerichte auf dem Vormarsch, auch das Klauverhalten wird sichtlich beeinflusst.

Der Beschuldigte entwendete auf dem Weihnachtsmarkt einen geschmückten Tannebaum.

Lesenswert auch, was die Polizei in der Strafanzeige noch weiter ausführte:

Erlangte Gegenstände

Art:	**anderer Gegenstand (Weihnachtsbaum)**
Hersteller:	**Der Wald**
Individualkennzeichen:	**Rote Schleifen**
(Neu-)Wert:	**40,00 EUR**
Gegenstandfarbe:	**grün**

7. Polizei

Die Polizeiberichte belegen, dass der berufliche Alltag nie langweilig wird. Da sitzt man beispielsweise friedlich auf der Wache und dann dies:

Der geistig verwirrte Meldende beabsichtigte, den Polizeipräsidenten zu sprechen, anderenfalls der Krieg in Afghanistan eskalieren werde. Außerdem wollte er Geld von der Polizei zur Bezahlung von Stromrechnungen etc.
Nach einem intensiven Gespräch mit ihm ging er glücklich in dem Glauben aus der Dienststelle, seinen Beitrag zur Verbesserung der Gesellschaft geleistet zu haben.

Auch außerhalb der Wache ergeben sich oft unverhoffte Lösungen.

Die hilflose Person ist in der Christus-Kirche nach dem Gebet durch eine Verantwortliche der Gemeinde eingeschlossen worden. Die HiloPe informierte über sein Handy die Polizei. Nach unserem Eintreffen erschien, wie durch Gottes Fügung, die Verantwortliche der Gemeinde und befreite den Betroffenen aus seinem heiligen Gewahrsam.

Für manche Fälle allerdings bleibt nur die todsichere Lösung.

Im Rahmen einer Fußstreife wurde das Haus Knöhrstraße 6 und somit auch die Beschuldigte, die Geschädigte und weitere Hausbewohner befragt.
Nach 3 Stunden Dauergesprächen kann ich folgendes festhalten:

Die Beschuldigte und die Geschädigte wohnen beide im Erdgeschoss und sind sich nach eigenen Angaben spinnefeind.

Diesen Eindruck hatte ich auch im Gespräch, welches ich nacheinander mit den «2 Damen» geführt habe.

Im Haus wohnen insgesamt 9 Parteien. 3 Parteien halten zur Beschuldigten, 2 Parteien zur Geschädigten, 2 Parteien sind neutral.

Alle Parteien bestätigten jedoch, dass beide Damen, wie man in der Pfalz sagt, «nicht ohne» sind und «ihre Sache können».

Da objektiv kein Beweis vorhanden ist, welcher die Beschuldigte als Täterin überführen könnte, sollte das Verfahren auch weiterhin eingestellt bleiben.

Da sich die Damen schon seit 30 Jahren bekriegen, kann dies wohl nur auf natürliche Art und Weise, mit dem Tode einer Kontrahentin, beendet werden.

Dies sagte auch die Beschuldigte. Zitat: «Ich geh erschd aus demm Haus raus, wenna die Füß zuerschd rausgetrage werre, vorher ned.» Mehr braucht dazu nicht ausgeführt zu werden.

Jeder Beschuldigtenvernehmung geht eine Belehrung über die prozessualen Rechte voraus, insbesondere also über das Recht zu schweigen. Damit endet in diesem Punkt aber auch schon die Mission der Polizei, Missionarisches wird nicht erwartet.

Die Beschuldigte konnte zu Hause angetroffen werden. Nach Bekehrung gab sie an, die Anzeigeerstatterin auf der Party tatsächlich geohrfeigt zu haben, was sie jetzt aber bereue.

Sichtlich verschnupft war ein Beschuldigter, als ihm die Polizei die Niederschrift seiner Aussage noch einmal vorlas.

Die Nieserschrift wird mir abschließend vorgelesen. Sie ist richtig protokolliert.

Es gibt Situationen, in denen sich die Polizei nichts sehnlicher wünscht, als dass die Täter noch einmal zuschlagen mögen.

Nach den vorausgegangenen zwei Diebstählen wurde in den Räumlichkeiten der Gärtnerei eine Einbruchmeldeanlage eingebaut, ferner wurde ein Mähwerk mit einem GPS-Sender versehen. Die Täter haben diesen Tatort aber leider nicht wieder aufgesucht. Gründe hierfür sind nicht bekannt.

Das polizeiliche Gegenüber gibt sich eben nicht selten reserviert.

Herr Schmidt reagierte abweisend und mit einer «Egaleinstellung».

Bei ihrer Arbeit ist die Polizei streng der Wahrheit verpflichtet und nennt die Dinge selbstverständlich beim Namen. Nur von unnötiger Schleichwerbung hält sie nichts.

Beide Personen saßen am Wohnzimmertisch und tranken Bier einer in diesen Kreisen wegen des Preises sehr beliebten Marke.

Der betroffene Bürger nimmt es bei alkoholischen Getränken dagegen schon sehr genau, und das sogar unter Inkaufnahme eines Eigentors.

Polizeilicher Vermerk:

Der Beschuldigte konnte zu Hause angetroffen werden. Er teilte mit, dass er keine Angaben zur Sache im Rahmen einer Beschuldigtenvernehmung machen werde.
Weiterhin gab er an, dass Aussage gegen Aussage stehe und man ihm nichts nachweisen könne. Außerdem habe es sich bei der entwendeten Flasche nicht um «Strothmann Weizenkorn», sondern um einen 56%igen Korn einer anderen Marke gehandelt.

Sobald Genussmittel in den Rang richterlicher Sanktionsalternativen geraten, wird sich eine gewisse Konkretisierung nicht vermeiden lassen.

Dem Angeklagten wird aufgegeben, der Geschädigten bis spätestens zum 15. Dezember einen Schokoladen-Weihnachtsmann – mindestens von der Fa. Lindt – zukommen zu lassen.

(Verfahrenseinstellung gem. § 153 a StPO Anfang Dezember in einer Hauptverhandlung wegen Körperverletzung)

Es sind ja oft die klingenden Markennamen, die auf den Kunden besondere Anziehungskraft ausüben, gerade dann, wenn man Edles zum Schnäppchenpreis zu ergattern meint. Das wissen auch die Fälscher und Betrüger, und Gier dimmt bekanntlich den Verstand.

Die Polizei über den auch sprachlich unseriösen Internetauftritt eines ausländischen Anbieters vermeintlich hochwertiger Markenschuhe (diesmal bin ich es, der keinen Namen nennen will und sich auf xxxx zurückzieht):

Für die Geschädigte hätte ersichtlich sein können, dass der Internet-Anbieter die angeblich hier entstehende Vertragsbeziehung nicht erfüllen würde.
Bereits auf der Startseite findet sich als Überschrift der Wortlaut:
«Begleiten Sie uns bekommen 5,00 € Gutschein»
und weiter:
«xxxxlaufschuheonline.de com ist ständig bei der Arbeit um sicherzustellen, dass Sie vor Ihrer Sportschuhe bleiben. Unsere Partnerschaften mit den Top-Sportschuhfabriken in der Branche, dass Sie Turnschuhe zu niedrigeren Preisen wir anbieten können.

Viele Genüsse bei xxxxlaufschuheonline.de com

- *Holen Sie sich ihre Hände auf den neuesten in Street Style*
- *Schnappen Sie Angebot von Online Authentische Qualität Angebote»*

Wen da nicht der Zweifel packt! Aber halt – vielleicht waren in Wahrheit doch echte Markenschuhe geliefert worden, nur eben solche aus zweiter Hand oder besser gesagt: nach erstem Fuß. Denn:

Die Geschädigte erklärte, man wolle die Sportschuhe auf keinen Fall behalten, sie würden extrem starke Gerüche verströmen.

Die Polizei sieht übrigens nicht in jedem Fall die Notwendigkeit, sich ein genaues Bild der Lage zu machen. Sage also niemand, die Polizei übe sich nicht auch mal in Verzicht.

Der Anzeigeerstatter gab an, der Schäferhund sei auf ihn zugelaufen und habe ihn dann einmal in sein Gesäß gebissen. Dies habe sehr geschmerzt. Einen Arzt habe er aber nicht aufgesucht, zumal er auch nicht krankenversichert sei.
Da der Biss schon ein paar Tage her sei, würde man jetzt keine Verletzung mehr erkennen können. Es würde jetzt auch nicht mehr schmerzen.
Unterzeichner verzichtete auf die Inaugenscheinnahme des Gesäßes.

Aber es sind zuweilen gerade die nackten Tatsachen, die ins Auge springen.

Bei unserem Eintreffen stand neben dem Pkw eine Frau, die mit einer grauen Strickmütze bekleidet war. Zeitgleich entfernte sich eine männlich Person, bekleidet mit schwarzer Jacke, dunkler Hose und dunkler Mütze.

Wird jemand noch genauer unter die Lupe genommen, regelrecht observiert, so stößt das nicht unbedingt auf Gegenliebe.

Ich finde es eine Gemeinheit, dass die Polizei mich dauernd abserviert.

Wieder andere, beispielsweise Heroindealer, werden womöglich mit richterlichem Segen am Telefon abgehört. Als einer jungen Staatsanwältin von den Ermittlungsbeamten die laufende Überwachungsmaßnahme vor Ort in der Dienststelle erläutert wurde und sie anmerkte, gerade habe sie in einem Hörbeispiel die Äußerung des Beschuldigten vernommen, er werde mit Sicherheit abgehört, erhielt sie neben einem resignierten Kopfschütteln zur Antwort:

Manche Leute sind so paranoid.

Das war jetzt kein schlechtes Stichwort. Denn es gibt Leute, die ihrerseits mehr hören als die Polizei.

Aus einem Einsatzprotokoll:

Hinweisgeberin hat nach eigenen Angaben das «zweite Gesicht» und hat bei einem Besuch auf dem Friedhof Stimmen aus dem Grab eines verstorbenen Kindes gehört. Da sie sich nicht beruhigen ließ, wurde zusammen mit ihr die Örtlichkeit aufgesucht. Das Grab von 1920!!!! war unberührt und völlig mit Efeu eingewachsen. Stimmen wurden von Hinweisgeberin dennoch weiter wahrgenommen, uns fehlte das Gespür.

…und sicherlich auch das Verständnis für den Notruf im nächsten Fall.

Frau teilte über Notruf mit, dass sie von Männern aus dem Rotlichtmilieu bedroht werden würde. Vor Ort stellte sich heraus, dass sie leicht paranoid wirkte. Ihre Tochter sei Prosti-

tuierte. Sie möchte das nicht. Sie sei zwar auch «Nutte», aber bediene nur seriöse, ältere und deutsche Männer. Es konnten keine Männer aus der Szene angetroffen werden. Einsatz ... ohne Worte.

Andere Leute sind einfach nur nett. Obwohl die Polizei mitsamt einem Diensthund anrückte und eine Reihenhaushälfte in Gegenwart der Betroffenen gründlich durchsuchte und so manches auf den Kopf stellte – die gesuchten Gegenstände dabei allerdings nicht fand –, trübte das keineswegs das gute Klima, endete der Durchsuchungsbericht doch mit den Worten:

Die Durchsuchung verlief im beiderseits besten Einvernehmen.

Vielleicht waren die Betroffenen ja nur deshalb so nett und zuvorkommend, weil sie genau wussten, dass die Polizei jedenfalls an diesem Ort rein gar nichts finden würde.

Ein wirklich unbefangenes Feedback von ihrer Wirkung auf den Bürger ist der Polizei eben nur selten vergönnt. Anders in diesem Fall, in dem die Polizei die Wohnung eines Beschuldigten am liebsten noch am Wochenende nach bestimmten Gegenständen durchsucht hätte. Zwar ausgestattet mit richterlichem Beschluss und unauffällig in Zivil erschienen, nahm sie dann doch Abstand, als niemand öffnete und eine dezent befragte Nachbarin die Abwesenheit des Mannes bestätigte.

Dafür erbrachte die Aktion Erkenntnisse ganz anderer Art. Ohne den wahren Hintergrund zu kennen, trug der Verteidiger noch vor Akteneinsicht arglos vor:

Mein Mandant war über das Wochenende nicht in seiner Wohnung. Hintergrund war, dass offensichtlich ihm nicht bekannte Personen vor seiner Haustür warteten und er das Gefühl hatte, dass ihm aufgelauert wird. Bei diesen Personen handelte es sich um zwei männliche Personen, die äußerst kräftig gebaut waren und auch eine entsprechende Größe hatten. Vergleichbar etwa mit den einschlägigen Bediensteten in Türsteherkreisen. Mein Mandant hatte die Befürchtung, dass hier ein «ernsthaftes Gespräch» mit ihm gesucht werden sollte.

Von diesem Vorfall hatte ihm seine Nachbarin telefonisch berichtet. Dementsprechend hat sich unser Mandant aus Vorsicht zunächst nicht in seiner Wohnung aufgehalten.

8. Tolle Einlassungen

Man liest sie gern, Einlassungen und Bekundungen gegenüber Polizei und Justiz, die am Schluss eine überraschende Wendung nehmen.

Aus einem Polizeibericht:

Die Geschädigte wird fernmündlich über die hiesige Dienststelle erreicht und will am Vorfallsort erscheinen. Kurze Zeit später treffen die Geschädigte und die Zeugin Meier ein.
Frau Meier ist nicht ohne weiteres als Frau zu erkennen und wird von Frau Schulz als «ihr neuer Freund» vorgestellt.
Gegenüber PKin Linse gibt Frau Meier sich als Mann mit Namen «Sven Meier» aus. Eine spätere EMA-Überprüfung weist unter der angegebenen Anschrift nur eine «Svenja Meier» aus.
Durch PKin Linse wird Frau Meier im Nachhinein fernmündlich die Eröffnung eines Ordnungswidrigkeitenverfahrens wegen falscher Personalienangaben gegen sie bekannt gegeben.
Sie teilt mit, dass Frau Schulz sie für einen Mann halte und nicht wisse, dass sie weiblich sei, deshalb die Angabe der falschen Personalien.

Da stand also noch ein großes Erwachen bevor.

Erst geriet das Ehepaar mit einem Mann in ein Streitgespräch, und dann war sie es, die plötzlich zuschlug. Vom Gericht zu ihrem Motiv befragt, erklärte sie:

Ich wollte das Opfer schützen. Ja wirklich, denn wenn mein Mann zugeschlagen hätte, wäre es für den Zeugen sicher ganz böse ausgegangen.

Eine Art Präventivschlag also.

Auch dieser keineswegs zimperlich vorgehende Mann wusste sich vor Gericht noch in ein sanftes Licht zu rücken. Aus dem Urteil:

Der Angeklagte hat den Sachverhalt im wesentlichen einge-räumt. Er erklärt, er habe zwar getreten, aber wenn er richtig getreten und zugeschlagen hätte, dann hätte die Zeugin anders ausgesehen.

Auf mildernde Umstände bei ihrem Tatnachverhalten machte diese Angeklagte aufmerksam, die wegen Diebstahls diverser Lebensmittel vor Gericht stand.

Als der Polizeibeamte sich vorbeugte und auf der Suche nach dem Diebesgut in meinen Kühlschrank schaute, wäre es für mich ein Leichtes gewesen, seine Pistole zu ziehen und auf ihn zu schießen. Aber genau das habe ich nicht getan.

Und ein anderer Ladendieb meinte in seiner schriftlichen Ein-lassung:

Wegen dieser gänzlich entschuldbaren Bagatelle jemandem ir-gendwelche Bußen oder auch nur Gebühren aufzubrummen, griffe kopfstellend und unheilig daneben.

Wenn die Staatsanwaltschaft zur Aufhellung eines Sachver-halts einen Zeugen zur Vernehmung einbestellt, hängt der Er-folg zuweilen von den Rahmenbedingungen ab. Und so blieb bei diesem Fall weiterhin so manches im Dunkeln.

Hiermit teile ich Ihnen nochmals mit, dass ich wegen einer in-fektiösen Bindehautentzündung krankgeschrieben wurde. Ich soll den Kontakt mit anderen Menschen meiden und mich im Dunkeln aufhalten.

In einfach gelagerten Fällen lädt die Polizei Beschuldigte oder Zeugen nicht zu einer Vernehmung vor, sondern gibt ihnen Gelegenheit zu einer schriftlichen Äußerung. Die entsprechenden Formulare fordern leider dazu heraus, dies handschriftlich zu tun, was oft zu großem Rätselraten beim Entziffern führt. Aber es gibt schöne Ausnahmen. Wirklich.

Sehr geehrter ▬▬▬▬▬ PK/
Ich kann ihn Leider nicht
wegen Veroß Cannabis
und Zuberbertung nicht helfen
da ich nicht darwar und nichts
weiß weglich.

Wenn kein heimischer PC eingesetzt wird, hat das zugleich den Vorteil, dass man völlig virenfrei schreiben kann, etwa an die örtliche Polizeiinspektion.

Polizei-Inspektion Göttingen
Groner Landstraße 51
37081 Göttingen

...direktion Göttingen
Poststelle

Jeder Anhörungsbogen verlangt übrigens auch eine glaubhafte Antwort auf die Frage nach der Staatsangehörigkeit.

Staatsangehörigkeit *evangelisch*

Familienstand

Und wie ist das mit dem Familienstand?

Familienstand *EINE PERSON* ☐ ledig ☐ verheiratet ☐ g
☑ verwitwet ☐ geschieden seit:

Die Form der schriftlichen Befragung macht es allerdings unwilligen Zeugen recht leicht, sich ihrer Zeugenpflicht zu entziehen, ist doch der Pott, auf den sie dann an sich gesetzt gehörten, weit weg.

☒ Ich möchte nicht aussagen, weil *Ich meine Ruhe haben möchte und mir das nichts angeht das Ist den Ihr problem und nicht meins*

Manchmal muss man nämlich die Leute in einer persönlichen Vernehmung erst regelrecht schmoren lassen, bis die erforderlichen Informationen fließen. Wobei das jedoch nicht bei jedermann funktioniert:

Auch gegenüber der hiesigen Interventionsstelle für häusliche Gewalt zeigten sich die beiden Betroffenen bratungsresistent.

Es ist aber keineswegs immer böser Wille, der dem Ausfüllen eines Fragebogens entgegensteht.

Polizeilicher Vermerk:

Die Zeugin wird auf der Dienststelle vorstellig und teilt dem Unterzeichner mit, dass sie den ihr zugesandten Zeugenfragebogen nicht ausfüllen kann. Die Zeugin macht auf Fragen dem Unterzeichner gegenüber undeutige Angaben, woraus man dann schließen konnte, dass die Zeugin Legasteniekerin (Rechtschreibschwäche) ist. Aus diesem Grund wurde der Zeugin mitgeteilt, dass sie vom Unterzeichner zeugenschaftlich schriftlich vernommen wird. Ein Termin wird ihr noch schriftlich zugesandt.

Legastheniker haben es eben schwer. Schön also, wenn man, wie dieser Muttersprachler, fremde Hilfe nicht nötig hat und sich sogar klüger wähnt als die angezeigte Institution.

Auch so mache andere Heldentat die das Gesundheitsamt gemacht hat zeigt nicht von geistiger Intelligens.

Und weiter, mit interessantem neuen Sinngehalt:

Niemand hat das Recht vor dem Gesetz alles so zu Recht zu biegen wie es ihm gefällt!

Die Äußerung von Beschuldigten bezeichnet man oft als Einlassung. Bei Aussagen von Zeugen spricht man eher von Bekundungen. Dieser Anzeigeerstatter nun versuchte Zugang zum Verfahren zu finden, indem er seine Ausführungen so betitelte:

Schriftlicher Einlaß

Ein Verurteilter, der mit der Abzahlung seiner verschiedenen Geldstrafen durcheinander geraten war, kam in seinem Schreiben an die Staatsanwaltschaft zu einer Einsicht, die auch manchem Politiker gut zu Gesicht stünde.

Ich habe den Überblick über die Staatsschulden verloren.

Bei konsequenter Nutzung moderner Technik in unseren Autos sollten Verkehrsordnungswidrigkeiten wie etwa Geschwindigkeitsüberschreitungen eigentlich der Vergangenheit angehören.

Reaktion eines Betroffenen auf die Vorladung zum Amtsgericht nach Einspruch gegen einen Bußgeldbescheid:

Sie brauchen nicht zu glauben, dass Sie so einfach Geld für nix vordern können. Man sollte nicht immer jemanden nach Geld anbätteln, erst recht nicht so. Ohne Vorankündigung lädt man mich zu einem Gerichtsverfahren ein in eine Stadt, von der ich vorher nicht einmal den Namen kannte. Von solchen Fällen gibt es tausende in Deutschland. Nicht zu schnell gewesen, aber dennoch Bürger abzocken, darüber gibt es genug im Internet. Wenn ich blind wäre, könnte ich kein Auto fahren, da ich aber sehen kann, erkenne ich auch, wie ich mein Tempomat einstelle. Das war auf Tempo 90 eingestellt, nicht schneller und auch nicht langsamer. Hören Sie bitte auf mich anzuschreiben, denn ich muss das nicht haben, dass man versucht mich abzuzocken.

Auch sollten die Verfolgungsorgane vielleicht mal über den Tellerrand gucken. Hier wurde die Geldbuße zwar zähneknirschend gezahlt, aber auch angemerkt:

Nehmen Sie sich als Behörde doch mal ein Beispiel an Frankreich und Spanien:

– Traumhaft schöne Autobahnen.
– Wenige Verkehrsschilder.
– Keine Polizei.
– Nach dem Überfahren der spanischen Grenze ein Hinweis:
  «Wir möchten Ihnen zu Ihrer eigenen Sicherheit empfehlen,

130 km/h zu fahren.» Das war's. Alle fahren dann knapp 140 km/h, was eine gute Reisegeschwindigkeit ist.
– Bei abschüssiger Fahrbahn: «Neigung um 7%. Wir schlagen Ihnen vor (!), mit dem Motor zu bremsen.»

Da fühlt man sich als Verkehrsteilnehmer als Partner und respektierter freier Bürger und nicht als kriminalisierter Untertan.
Von Berufskraftfahrern höre ich im Ausland: «Wir atmen immer auf, wenn wir die deutsche Grenze hinter uns gelassen haben.» Das müsste doch den Verantwortlichen zu denken geben!

Wie allerdings im peniblen Deutschland in den einschlägigen Fällen die gerichtliche Zeugenladung bewerkstelligt wird und wie es überhaupt um die persönliche Anwesenheit im Gerichtssaal bestellt ist, das dürfte, gerade auch in technischer Hinsicht, noch nicht zweifelsfrei geklärt sein.

Aus einem polizeilichen «Fallprotokoll – Geschwindigkeit»:

Zeuge: Stationäre Messanlage Gerätenummer…

Im Gegensatz dazu ist das Verkehrsradargerät namens Traffipax mobil und deshalb für eine Vorladung weit eher geeignet, zumal es durchaus personalisiert wahrgenommen wird.

Ein Betroffener, tief enttäuscht von der Messgenauigkeit des Zeugen, in einem Brief an die Bußgeldbehörde:

Bitte richten Sie dem durchgeknallten Herrn Traffi Pax meine besten Genesungswünsche aus (hat er einen Migrationshintergrund?)

Natürlich zahlt niemand gern eine Geldbuße oder -strafe. Doch kann ein solcher Vorgang auch großes Lustgefühl bereiten, nämlich bei der Vorstellung, was anschließend auf der Empfängerseite los ist.

780,00 Euro Geldstrafe waren an die Staatsanwaltschaft als Vollstreckungsbehörde zu zahlen. Wie aber ging der Verurteilte zum Erstaunen und Entsetzen der Empfängerseite vor? Er überwies die Summe in 78 000 Einzelbuchungen zu jeweils einem Cent! Dem Buchungssystem der Staatsanwaltschaft drohte Ungemach. Allein der Kontoauszug hätte über 120 Seiten verschlungen. Die Landeshauptkasse musste um Hilfe gebeten werden, und erst unter Einsatz von Programmierern gelang es schließlich, alles zu einer Buchung zusammenzufassen.

Doch gibt es auch Hilferufe ganz anderer Art. In einer Strafvollstreckungssache wandte sich die Staatsanwaltschaft tatsächlich so an die Polizei:

HILFE!!!!!!!!!!!!!

Sehr geehrte Damen und Herren,

in obiger Sache hat die Verurteilte löblicherweise alles gezahlt, was irgendwie zu zahlen war. Nur ist sie leider in ihrem Eifer nicht zu bremsen: sie zahlt und zahlt und zahlt ... (trotz mehrfacher Aufforderung, die Ratenzahlungen einzustellen).
Ich habe mittlerweile sechsmal die Rückzahlung der Raten veranlasst und zahle heute zum siebten Mal 50,00 € zurück.
Vielleicht können Sie der Dame mal einen Besuch abstatten und ihr den Sachverhalt erklären? Vielleicht versteht sie unsere Schreiben nur nicht.
Leider löschen Banken und Sparkassen Daueraufträge nur, wenn der Kontoinhaber dies veranlasst.
Ich weiß mir keinen anderen Rat mehr.

Vielen Dank im Voraus.

Wer beim Autofahren mit dem Handy ohne Freisprechanlage telefoniert, riskiert bekanntlich ein Bußgeld. Aber wenn es gar kein Handy war, was da ans Ohr gehalten wurde?

Ein Anwalt:

Mein Mandant hat lediglich aufgrund seines eingeschränkten Hörvermögens das Navigationsgerät an das Ohr gehalten, um den Anweisungen trotz hoher Nebengeräusche folgen zu können.

Das dürfte ihm jedoch kaum geholfen haben, denn dran ist schließlich auch, wer sein Handy als Navigationsgerät nutzt (OLG Köln, NJW 2008, 3368).

So etwas spricht sich natürlich herum, weshalb erneut die ganze Phantasie beim betroffenen Bürger gefordert ist.

Wie man auf dem Foto erkennt, ist mein Ohr frei.
Ich hielt ein Kühlakku an die Wange, da ich Zahnschmerzen hatte.

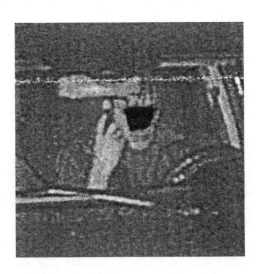

Pfiffige Ideen sind also gefragt. Und so behauptete jemand, er habe sich nicht etwa an die Stirn getippt und dem anderen Verkehrsteilnehmer beleidigend einen Vogel gezeigt. Nein, angesichts von dessen haarsträubender Aktion habe er nur den Finger von der Stirn nach vorn schnellen lassen und spontan ausgerufen: «Überlegen Sie doch mal!»
Neben Vogelzeigen und Scheibenwischer ist ebenso der Stinkefinger, also das Zeigen des gestreckten Mittelfingers, sehr beliebt. Auch dazu gibt es tolle Einlassungen. Statt den anderen zu beleidigen wollte da jemand nur seinen Finger in Richtung Schiebedachschalter bewegt haben, oder es wurde allen Ernstes behauptet, man habe in der Nase gebohrt und sich das am gestreckten Finger klebende Förderprodukt angeschaut!
Wenn man jedoch mit 142 km/h statt der zulässigen 100 km/h unterwegs ist und dann noch meint, zu zweit den Betreibern der Blitzanlage gleich drei Stinkefinger hinstrecken zu müssen, wird es im daraufhin eingeleiteten Ermittlungsverfahren wegen Beleidigung mit einer glaubhaften Ausrede eng. Was will man da eigentlich noch behaupten, etwa das spontane Auftreten einer krankhaften Mittelfinger-Erektion?

Die eingefügten schwarzen Balken, die wir im letzten Foto sahen, wünschte sich mancher bereits auf dem Originalfoto.

Aus dem Widerspruch gegen einen Bußgeldbescheid:

Der von Ihnen vorgeworfene Verstoß gegen das Straßenverkehrsgesetz ist laut Bildernachweis unwiderruflich mir zuzuordnen. Dieser Fehler wird von mir auch eingesehen und bereut. Jedoch kann ich die Tatsache nicht dulden, dass die vorgeschriebene Unkenntlichkeit des Beifahrers nicht eingehalten wurde. Diese Tatsache führt dazu, dass meine Lebensgefährtin mich aus unserer Wohnung rausgeworfen hat, unmittelbar nachdem sie auf dem Foto erkannte, dass eine andere Frau an meiner Seite war. Durch Ihren Fehler habe ich nicht nur meine Lebensgefährtin verloren, sondern ich habe auch Umzugskosten in Höhe von 250,– EUR zu tragen, von den restlichen Auslagen ganz zu schweigen.
Da ich den Verstoß begangen habe, sehe ich Ihre verkehrzieherische Maßnahme des Fahrverbots als gerechtfertigt an, jedoch ist das Tragen der Geldbuße für mich mit meinen Umzugauslagen eine unbillige Härte. Daher bitte ich hiermit um erneute Prüfung der Rechtslage.

Da mag er, der schon rot gesehen hatte – um einen solchen Verstoß ging es nämlich –, sich zusätzlich schwarz ärgern, aber die Rechtslage sieht nun mal die angemahnte Unkenntlichkeit nicht vor.

Angeschaut werden sollen natürlich auch die aufgestellten Verkehrsschilder, beispielsweise jene in einem Geschwindigkeitstrichter auf der Autobahn, der die zulässige Geschwindigkeit in drei Schritten von 120 über 100 auf 80 km/h herabstuft. Wenn ein Autofahrer dann am Ende trotzdem noch mit 119 km/h geblitzt wird, könnte man als Verfolgungsbehörde auf die Idee kommen, da habe sich jemand bewusst über die Regelung hinweggesetzt, also vorsätzlich gehandelt – was etwa für die Frage eines möglichen Fahrverbotes eine Rolle spielen kann. Denkste. Es soll Leute geben, die das gar nicht können, also vorsätzlich handeln, weil sie nämlich auf Äußerlichkeiten nicht achten, sondern sich vielmehr mit inneren Werten beschäftigen. Das meinte zumindest dieser Anwalt und trug vor, speziell sein Mandant habe die Schilder einfach nicht sehen können und komme ohnehin nur für Fahrlässigkeitstaten in Frage.

Man kann grundsätzlich davon ausgehen, dass ein Verkehrs-teilnehmer und besonders ein 62-jähriger Verkehrsteilnehmer in einer verantwortlichen beruflichen Stellung als Geschäfts-führer, der ständig auch berufliche Vorgänge im Kopf hat, keine vorsätzliche Verkehrsstraftat begangen hat.

Eine Art Geistig-Fahrer also.

Wie hieß es doch in einer anderen Einlassung:

Es tut mir leid. Ich war wohl in Gedanken, was mir aber zum fraglichen Zeitpunkt nicht bewusst war.

Außerdem hält unsere Sensibilität mit der technischen Entwicklung kaum noch Schritt. Das hat natürlich seine Auswirkungen, wie ein Anwalt weiß.

In einem Pkw (Audi Kabriolett) wie dem des Beschwerdeführers ist es durchaus möglich, dass schon leichte Unkonzentriertheiten und die damit verbundene Nichtbeachtung des Tachometers sowie eine leichte Erhöhung des Drucks auf das Gaspedal dazu führen, dass der Fahrer nicht wahrnimmt, ob er nun 100 bis 110 km/h oder aber 140 bis 150 km/h fährt. Der Motor wird kaum lauter und das Fahrgefühl ändert sich auch nicht entscheidend.

Wenn sich jemand mit seinem Wohnmobil auf einer Strecke mit hohem Gefälle statt der für ihn dort erlaubten 60 km/h mit 122 km/h amtlich ablichten lässt, vermögen offenbar weder drei Monate Fahrverbot noch eine Geldbuße in Höhe von stolzen 1200,– Euro das nötige Interesse zu wecken.

Wir haben die oben gennanten Bussgeldbescheid empfangen und macht uns zu verstehen.
Wir haben uns in einem Wohnmobil in der Nacht auf der Auto-bahn gefunden und haben keine Beschilderung rund 60 km Zeichen gesehen? Es gab auf der Strecke keine Baustellen.
Wir sind furchtbar leid, wenn wir bestehende Regeln verletzt haben, aber denken nicht, dass wir fahrlässig gehandelt ha-ben – die war bestimmt nicht unsere Absicht.
Eine Geldstrafe von solcher Größe wäre für unsere Familie sehr langweilig. Deshalb hoffen wir für Ihr Verständnis, dass wir nicht versucht haben, alle geltenden Regeln zu verstoßen.

Wir freuen uns von Ihnen zu hören.

(Ich weiß, ich bin fies, wenn ich das Gemeinte derart verkenne. Der Brief stammte schließlich von einem dänischen Staats-bürger.)

Dem Vorwurf einer fahrlässigen Körperverletzung im Stra-ßenverkehr begegnet man am besten, wie im Grundsatz bereits im letzten Fall praktiziert, mit schlichter Logik.

Aufgrund der Glatteisbildung habe ich die Kontrolle über mein Fahrzeug verloren, und es kam zur Kollision. Eine fahrlässige Körperverletzung war zu keiner Zeit beabsichtigt.

Hauptsache, man bewahrt den sicheren Blick für die Vorgänge im Straßenverkehr, dann müsste man eigentlich immer fein raus sein.

Aufgrund der Tatsache das sich der von mir angebliche Geschädigte nicht erkenntlich gemacht hat in Bezug auf hupen, Wahnblick oder Lichthupe kann ich leider keine weiteren Angaben machen.

PS. Ich bin mir keiner Schuld bewusst das ich Fahrerflucht gemacht habe.

Variante zu Letzterem:

Die mir hier vorgelegte Last bin ich mir keiner Schuld bewusst.

Beziehungsweise unter umgekehrtem Vorzeichen:

Ich gebe zu, die mir vorgeworfene Tat vollbracht zu haben.

Oder, juristisch zwar nicht korrekt (es gibt keinen fahrlässigen Diebstahl), aber sehr einsichtig:

Obwohl ich davon überzeugt bin, die Zigaretten nicht mit Absicht in den Rucksack gesteckt zu haben, sehe ich ein, dass es auch unabsichtlich ein Diebstahl war, und nehme die Anklage voll und ganz hin.

Oder auch, richtig umfassend:

Ja, ich gebe das Strafverfahren zu.

Wenn ein Mann dem Charme oder Sex-Appeal einer Frau erliegt, spricht man zuweilen davon, hier seien die Waffen einer Frau eingesetzt worden. Dass sich das Arsenal im Laufe einer Beziehung verändern kann, zeigt diese Einlassung eines Mannes, den man am Steuer seines unversicherten Autos erwischt hatte.

83

Ich gebe die Tat zu, obwohl ich nur auf Drängen meiner Frau gefahren bin. Da sich unser 2. Auto zur Tatzeit in der Werkstatt befand, wurde ich von meiner Frau gebeten, sie dort hinzufahren. Als ich ihr zu verstehen gab, dass dies nicht rechtens sei, drohte sie mir mit den «Waffen» einer Frau, worauf ich mich nach 15 Minuten Diskussion nachgiebig zeigte und die Fahrt gegen meinen Willen antrat.

Da sie sich sogleich auf den Beifahrersitz platzierte, blieb mir nur der Fahrersitz, so dass ich das Auto führte. Ich wollte erst meine Frau fahren lassen, allerdings ging mir die vorausgegangene Diskussion noch auf die Nerven, so dass ich wieder mal nachgab.

Durch dieses Ereignis und durch vorangegangene empfinde ich unsere Beziehung als aufgelöst. Ich werde mich scheiden lassen.

Aber auch Fürsorglichkeit schützt nicht vor Strafe. Einlassung zum Vorwurf einer Trunkenheitsfahrt:

An jenem Donnerstag war ich noch etwas feiernd unterwegs und kam daher alkoholisiert nach Hause gelaufen. Da fiel mir unser Auto vor der Kirche parkend auf. Das ist manchmal leider notwendig, so weit auszuweichen, weil die Parkplätze vorm Haus zu knapp und oftmals belegt sind. Da ich dachte, dass bald Regen kommt, wollte ich meiner Frau nicht die Mühe lassen, dass sie mit unserem Baby im Maxicosi so weit laufen muss, und wollte nett sein und es umparken. Wie ich in meiner Fürsorge für meine Familie so sehr den Alkoholpegel vernachlässigen konnte und mich einfach hinters Steuer setzte, weiß ich nicht, was mich da geritten hat. Nüchtern betrachtet ist das natürlich unverzeihlich und dennoch bettle ich um mildernde Umstände angesichts der Situation.

In öffentlichen Verkehrsmitteln schont man zwar den Führerschein, kann allerdings dort Opfer einer Schwarzfahrt werden.

Mir ist bekannt, dass ich ohne Fahrausweis im Metronom ange-
troffen wurde und bereue es auch. Der genauere Sachverhalt
ist mir nicht mehr ganz bekannt, da ich unter Alkoholeinfluss
stand. Es lag nicht in meinem Ermessen, solch ein Verhalten an
den Tag zu legen und ohne Karte zu fahren. An diesem Morgen
besaß ich aus zeitlichen Gründen keinen gültigen Fahrausweis
und trat so die Fahrt an.

Wer Wert auf eine schlanke Linie legt, macht deshalb anderen
gegenüber nicht automatisch eine gute Figur.

Die drei Mädchen, deren Aussagen mir soeben vorgelesen wor-
den sind, kenne ich nicht. Richtig ist, dass ich auch im Frei-
becken des «Paradies-Bades» geschwommen bin. Hierbei ist es
auch schon mal vorgekommen, dass mein Glied aus der Bade-
hose gefallen ist. Ich habe innerhalb von 1 1/2 Jahren über
20 Kilo abgenommen und die Badehose ist mir jetzt zu groß.
Keineswegs ist es zutreffend, dass ich durch Beiseiteziehen der
Badehose mein Geschlechtsteil diesen Mädels gezeigt und an
diesem herummanipuliert bzw. an meinem Geschlechtsteil her-
umgespielt oder herumgekrault habe. Auch habe ich die Mäd-
chen durch Anstarren nicht auf mich aufmerksam gemacht. Ich
habe das alles nicht bewusst gemacht. Mittlerweile habe ich mir
eine neue Badehose gekauft, so dass das nicht mehr vorkom-
men kann. Besser gesagt, meine Frau hat sie mir gekauft.

Diejenigen, die meinen, sie müssten sich unbedingt mit einer
Schreckschusspistole «aufwerten», benötigen dazu inzwischen
zum Glück den so genannten kleinen Waffenschein. Aber ob
man den bekommt – oder ob man ihn überhaupt haben will –,
das dürfte noch die Frage sein.

Für den Waffenschein musste ich ein Formular ausfüllen. Ich
musste ankreuzen, dass ich in einer terroristischen Vereinigung

bin und dass ich noch nie mit dem Gesetz in Konflikt geraten bin. Und ich musste 50 Euro bezahlen.

Und hat die Waffenbehörde einen erst mal auf dem Kieker, gibt sie so schnell keine Ruhe.

Nunmehr überprüft der Landkreis auch den Verbleib der verstorbenen Waffenbesitzkarten-Inhaber.

9. Verständigung

Wie schön, wenn man sich versteht. Aber das ist bekanntlich nicht immer so. Diese Erfahrung macht zuweilen auch die Polizei. Da ruft die Freundin eines vorgeladenen Zeugen an und fragt, ob der jetzt gleich zur Vernehmung kommen könne. Das wird ermöglicht – und dann geschieht dies:

Die Vernehmung mit Herrn Ziegenbein gestaltete sich schwierig, da er sehr schlecht reden konnte. Es war mehr ein Genuschel. Durch Unterzeichnerin wurde das Wesentliche verstanden und der Zeuge gab an, dass es mehr nicht zu sagen gibt.
Eine Nachfrage bei der Freundin ergab, dass der Zeuge sein Gebiss vergessen hatte.

So etwas kann einem mit dem Ministerium nicht passieren. Die formulieren derart präzise, dass man immer sofort weiß, was Sache ist.

Von der Anwendung der Grundsätze für Gutachten- und Beraterverträge (Anlage 1 zu VV Nr. 1.3 zu § 55 LHO) sind u.a. die Fälle, bei denen Haushaltmittel bis zu 5000 EUR erforderlich sind (Bagatellfälle), ausgenommen. Bei dieser Bagatellregelung wird – anders als bei Auftragsvergaben oberhalb einer Auftragssumme von 50 000 EUR – auf die Höhe der erforderlichen Haushaltmittel abgestellt, so dass auch die Aufträge zu nennen sind, deren Auftragswert – ohne Umsatzsteuer – unter 5000 EUR liegt, sofern die erforderlichen Haushaltmittel – also einschließlich Umsatzsteuer – die Bagatellgrenze überschreiten.

Gut dran also, wer ein Gegenüber hat, das sich klar und deutlich ausdrückt. Das Problem dieses Landwirts lag denn auch eher in der Qualität des vom Wasserwerk gelieferten Trinkwassers für den Stall und weniger in der Anhörung des betroffenen Viehs.

Anwaltlicher Vortrag:

Mein Mandant hat dieses Wasser bereits einmal selbst getrunken und dabei über erhebliche gesundheitliche Schwierigkeiten geklagt, die auch ärztlich festgehalten sind. Ein Großteil des Viehbestandes ist auch in Mitleidenschaft gezogen und klagt ebenfalls über Beschwerden.

Bei einem dienstlichen Telefonat können Verstehen und Verständnis deutlich auseinanderfallen, wie dieser Vermerk eines Richters zeigt:

Gestern Anruf durch Verurteilten. Dieser versuchte dem Unterzeichner einzureden, wie menschenrechtswidrig das gesamte Verfahren gewesen sei. Der Unterzeichner versuchte wiederum, dem Verurteilten seine Entscheidung zu erläutern. Es blieb beim Versuch, so dass der Verurteilte auf die Möglichkeit der Einlegung einer sofortigen Beschwerde verwiesen wurde. Sodann versuchte der Unterzeichner, das Gespräch zu beenden. Auch hier blieb es – zunächst – beim Versuch, da der Verurteilte fortwährend weiterredete. Dem Unterzeichner blieb nichts anderes übrig, als dem weiterredenden Verurteilten einen schönen Tag zu wünschen – und aufzulegen.

Auch über Telefon kann man eben anderen regelrecht auf die Pelle rücken.

Meine Beschwerde hatte zur Folge, dass mich die Frau über Telefon aufsuchte und mich kontaktierte.

In Zeiten, als Handys noch etwas Besonderes waren und dann gern mal als klobiges Statussymbol im Lederfutteral am Gürtel prangten (zuweilen auch nur als Attrappe), kam es durchaus vor, dass die Polizei in eine Personenbeschreibung den Begriff «Handyträger» aufnahm. Inzwischen, da Handys allgegenwärtig und bei vielen zu einer Art technischem Körperteil mutiert sind, werden viel subtilere Dinge registriert.

Aus dem Verhaltensvermerk der Polizei über die Vernehmung eines 17-Jährigen:

Er war in seiner Vernehmung höflich und ein aktiver Zuhörer. Seine Sitzhaltung war aufrecht, das Handy ausgeschaltet, und die Blicke gingen entweder zu mir oder zum Fußboden.

Und eben nicht zum Handy.

Beim folgenden Dialog glaubten beide Seiten zunächst, der jeweils andere könnte einen an der Waffel haben.

Ein Polizist mit zwei Sternen fragte mich, ob ich eine Waffe hätte. Ich habe zuerst «Waffel» verstanden und sagte, dass ich keine Waffeln hätte. Ich muss dazu sagen, dass ich nur wenig Deutsch verstehe. Der Polizist fragte, ob ich eine Pistole hätte. Ich habe aber keine. Die einzige Pistole, die ich habe, ist auf meine rechte Wade tätowiert.

Sogar Gerichte müssen aufpassen, dass sie nicht missverstanden werden. Weil der Angeklagte nicht zur Verhandlung erschienen war, wurde seine Berufung verworfen. Dagegen erfolgte ein Wiedereinsetzungsantrag des Verteidigers mit der Begründung:

Der Angeklagte verfügt nur über eingeschränkte deutsche Sprachkenntnisse. Die Ladung zum Termin legte er als unverbindliche «Einladung» aus und war sich der Konsequenzen seines Fernbleibens nicht bewusst.

Es ist vielleicht das Unaussprechliche, was manche Beziehungen zum Scheitern verurteilt.

Ein 23-Jähriger:

Nach meinen drei Kindern befragt, möchte ich sagen, dass ich ein Kind Felix, 1 ½ Jahre alt, mit Leonie Leiste, damals wohnhaft in Hannover, ein Kind Miriam, 3 Jahre alt, mit Melanie Meise, wohnhaft in Braunschweig, die Straße weiß ich nicht, und ein Kind Boris, 6 Jahre alt, mit einer Russin, deren Namen ich nicht aussprechen kann, wohnhaft bei Kassel, habe.

Frei heraus berichtete eine Zeugin über ihre Beziehung zum Beschuldigten. Die Polizei notierte, was sie verstand:

Den Beschuldigten habe ich letztes Jahr auf der Straße in Stuttgart durch eine Bekannte, die ich mit Namen nicht mehr kenne, getroffen. Da es bei diesem ersten Treffen zwischen uns funkte, lernten wir uns im Laufe der Zeit näher kennen.
Im April dieses Jahres wurde ich mit dem Beschuldigten intim, wir sind zusammen gekommen.

So genau hatte man es gar nicht wissen wollen.

Die Tierliebe dürfte es sein, mit der sich sowohl Frauenherzen als auch Autos vollends erobern lassen. Dazu eine Geprellte:

Wir trafen uns regelmäßig, meist an den Wochenenden. Im Mai hatte ich sogar seinen Hund Schnuckel für 3 Wochen zur Pflege. Im Anschein an eine gemeinsame Zukunft mit Herrn Säusel habe ich ihm Anfang Juni für einen Tag mein Auto geliehen, weil er nach Aussage einen dringenden Termin mit seinem Insolvenzberater in NRW und einen dringenden Hundefriseur-Termin wahrnehmen musste.

So fuhr er los – in Wahrheit zu einer geheim gehaltenen Freundin – und ward, samt Pkw, nie mehr gesehen.

Wir dürfen vermuten, dass Herr Säusel zu jener Gattung Mensch zählt, die in psychiatrischen Gutachten schon mal Modellcharakter erlangt.

Sein Selbstwertgefühl erscheint etwas übersteigert, und es kann nicht ausgeschlossen werden, dass der Proband durchaus Ähnlichkeit mit einem sprachgewandten, trickreichen Blender mit oberflächlichem Charme besitzt.

Aus einem polizeilichen Protokoll:

Frage: War Ihre Beziehung immer gut, oder gab es schon mal Auseinandersetzungen mit körperlicher Gewalt?

Zeugin: Unsere Beziehung war nicht immer gut, es gab auch schon mal Ausfallerscheinungen.

Manche werden ja gerade unter Alkohol auffällig ausfällig.

Aber notfalls kann ein Gericht nach dem Gewaltschutzgesetz eine schützende Anordnung treffen.

Dem Antragsgegner wird für die Dauer von drei Monaten verboten, die Antragsgegnerin und ihre zwei Kinder tätlich anzugreifen, zu misshandeln, zu beleidigen, zu bedrohen oder zu belästigen, insbesondere telefonisch oder per SMS.

Danach darf er dann also wieder.

Allerdings gibt es auch Gewaltschutzanordnungen, die man nur schwer wieder los wird.

Die Polizei:

Der Beschuldigte verstößt mit der neuerlichen Bedrohung zugleich gegen eine Gewaltschutzanordnung des Amtsgerichts. Diese ist dem Vorgang anhänglich.

Manche geloben in solchen Situationen Besserung bei allem, was ihnen heilig ist. Aber wie leicht sagt sich das im Gewaltschutzverfahren auf die Schnelle so dahin.

Ich Entschuldige mich für alle Belaidigung den ich zu meine Partnerin gesagt habe und ich Verspreche auf allem Eiligen das das nie wieder vorkommen wird.

Wer seine Umgebung verstehen will, muss sie gut beobachten, und genau damit beeindruckte hier – wen eigentlich? – ein in der Psychiatrie untergebrachter Patient. Über ihn wurde in einem Gerichtsbeschluss aus einem Gutachten wie folgt referiert:

Er habe sich bei der Gestaltung des zum gelockerten Bereich zählenden Geländes engagiert. Er habe eigene Ideen entwickelt, habe die Kaninchen, Meerschweinchen und Enten gewissenhaft versorgt und durch seine scharfen Beobachtungen beeindruckt.

Und womit beobachten wir? Mit den Augen selbstverständlich. Wie hieß es doch in der Anzeige eines Partnervermittlungsinstituts:

Chirurg, sportlich, männlich, trotz seines Berufes sehr natürlich und charmant geblieben. 1,83 groß, 34 J. Es ist so, wenn er den Raum betritt, sieht man nichts von ihm, nur die Augen. Man sieht es am Gang, seine Persönlichkeit. Ja, es ist so. ...

In bedeutenden Kapitalsachen hat die Staatsanwaltschaft nicht selten ihre Anklageschriften im Berichtsweg dem Ministerium zur Kenntnis zu bringen. Das Ganze läuft über den Tisch der Generalstaatsanwaltschaft, von der man sich dann mitunter ein kritisches Feedback anhören muss.

Aus meiner Sicht hätte es sich empfohlen, nicht, wie durchgängig geschehen, von dem «Getöteten» oder sogar von dem «Verstorbenen» zu sprechen.

Es erscheint sachgerechter, statt dieser unglücklichen Ausdrucksweise Begriffe wie «der später Getötete», der «später zu Tode Gekommene» oder «das Tatopfer» zu gebrauchen oder aber das Tatopfer einfach mit seinem Nachnamen zu benennen.

Man weiß zwar, was gemeint ist. Gleichwohl hätten sich so die gleichsam an eine Art «Wunderheilung» denken lassenden Sätze wie: «Anschließend setzte sich der Angeschuldigte auf den nach wie vor auf dem Bett liegenden Getöteten, der dadurch erwachte.» oder «Der Verstorbene sei aufgewacht und habe schwankend vor dem Angeschuldigten gestanden.» vermeiden lassen.

10. Zuständigkeiten

Es hat durchaus sein Gutes, wenn ein Bürger der Justiz in Fragen der Zuständigkeit mal auf die Sprünge hilft.

Hallo, liebe Jungs vom Oberlandesgericht,

vielen Dank für euren Brief. Ihr teilt mir in diesem Schreiben mit, dass ihr meine Beschwerde gegen die Entscheidung des Landgerichts zuständigkeitshalber an dieses Landgericht übersendet habt. Kinders, ich glaube bei euch verwischen sich die Konturen.

Ich habe euch in meiner Beschwerde gegen den Beschluss des Landgerichts aufgezeigt, welche Verbrechen die BRD seit Jahrzehnten an mir begeht. Dazu will ich von euch eine Stellungnahme. Nur Mut, das schafft ihr schon.

Viele liebe Grüße sendet euch euer
Hansi

PS. Hier nun der Instanzenweg im deutschen Strafrecht. Also passt auf, Jungs. Das geht los mit dem Amtsgericht, dann kommt Landgericht, dann kommt Oberlandesgericht, dann kommt Bundesgerichtshof, dann kommt Europäischer Gerichtshof, dann kommt die UNO und dann kommt der Liebe Gott.

Letzteres wusste auch jener Anzeigeerstatter, der heftig mit meiner Verfahrenseinstellung haderte, was schon in der knappen Anrede zum Ausdruck kam.

Ahrens!
Ihr steckt alle unter einer Decke. Im Himmel gibt es einen höheren Richter. An eurem Ende verlangt Jesus Rechenschaft.

Womit er zugleich alle weltlichen Instanzen in den Wind schlug.

Auf eine Beschwerde verzichte ich. Ihr seid mir keine Briefmarke wert.

Die Vergleiche, die enttäuschte Bürger anstellen, sind für die Justiz zwar nicht immer schmeichelhaft, trotzdem sollte man beschworene Übeltäter nicht kleiner machen, als sie in Wahrheit waren.

Selbst gedrungene Gestapo- und Stasi-Mitarbeiter von einst würden sich verwundert die Augen reiben in Anbetracht dieser unnormalen Vorgehensweise.

Erscheinen in einem Fall mehrere Stellen zuständig, ist es keineswegs unfein, wenn die Polizei sich zunächst an die originär zuständige Stelle wendet.

Die hiesige Stadtverwaltung wurde als ordinär zuständige informiert.

So gesehen ist es für die Polizei eine Selbstverständlichkeit, wenn andere ebenfalls auf die Grenzen ihrer Zuständigkeit achten.

Aus einem Polizeibericht:

Der Täter kam aus dem Gartenhaus und lief weg. Der Hund folgte ihm, allerdings nur bis zur Grundstücksmauer, über die der Täter hinweg gesprungen war. Hier war für den Hund der zu bewachende Bereich zu Ende.

Auf absolutes Unverständnis stößt indes, wenn sich ein Finanzamt Befugnisse anmaßt, die weit jenseits seines Zuständigkeitsbereiches liegen, etwa wenn es einem Steuerpflichtigen ungefragt die Erweiterung seines Hauses verbietet, indem es eine

Firstverlängerung

verweigert.

«Niemand darf seinem gesetzlichen Richter entzogen werden», heißt es in Artikel 101 unseres Grundgesetzes.

Dass in ihrem Fall jedoch kein Richter, sondern eine Richterin zuständig und diese damit «der gesetzliche Richter» war, davon hielt eine Angeklagte nichts. Für die anstehende Hauptverhandlung forderte sie:

Ich akzeptiere nur einen männlichen Richter, also einen gestandenen Mann.

Die zuständige Staatsanwältin bot daraufhin eine vermittelnde Lösung an:

Es besteht kein Anspruch, sich seinen Richter/seine Richterin auszusuchen. Ich sehe das Schreiben insofern nicht als Befangenheitsantrag an. Vielleicht kann man bei der Einteilung des Sitzungsvertreters der Staatsanwaltschaft Rücksicht auf den Wunsch nach männlicher Präsenz nehmen, sofern das Gericht es für sachdienlich hält.

Einen vermutlich unbedachten Kompromiss ging ein anderes Gericht in der Urteilsurkunde ein, wo es hieß, an der Sitzung hätte teilgenommen

Staatsanwältin Scharf
als Beamter der Staatanwaltschaft,

was vom Angeklagten in seiner Berufungsbegründung launig kommentiert wurde.

Das Urteil im Namen des Volkes wartet mit einer klassischen freudschen Fehlleistung auf. Die ??? Scharf kann nicht zugleich feminin und maskulin sein. Dessen ungeachtet konvertiert das Amtsgericht die Staatsanwältin als Beamten zum geschlechtslosen Wesen.

Was für ihn, der er sich angeblich in die «unvergesslich wunderschönen Augen und so» der Frau Staatsanwältin verguckt hatte, «ein echte Problem» darstelle.

Adressiert an eine Frau, entpuppte sich Gerichtspost bei näherem Hinsehen als Nachklapp aus einem anderen Leben. Und so hieß es auf dem Kuvert, das samt Inhalt retour ging:

Versehentlich ohne Lesebrille geöffnet!

Bitte begreifen Sie nun und endgültig, dass diese Person nicht hier asyliert! Schicken Sie dies bitte an die aktuelle Anschrift!

MfG
Ex-Mann

Es geht aber auch gemäßigter:

Wohnt hier nicht mehr, zum Glück!

Wenn man mit der Ex gerichtlich im Clinch liegt, wird meist viel geschrieben, manchmal zu viel, wie sich dieser Mann beim Gericht beklagte:

Ich schreibe Ihnen dies ohne Kenntnis meines Anwalts.

Das Verfahren wird nunmehr seit 5 Jahren geführt. Die Antragsgegnerin schafft es immer wieder, das Verfahren missbräuchlich zu verlängern. Einerseits verweist sie ständig auf ihren Gesundheitszustand, andererseits kann sie aber umfangreiche eigene Schriftsätze verfassen. Dies erscheint mir als ein-

ziges krankhaft. Denn ich bestreite und glaube nicht, dass die Antragsgegnerin so krank ist, wie sie den Anschein erwecken will. Wie werden die Schriftsätze erst aussehen, wenn sie sich für gesund erklärt? Die Nähe zum Umfang des «Brockhaus» erscheint mir nicht unmöglich.

Nachdem er sich seinen Frust von der Seele geschrieben hatte, folgte der Appell:

So wie die Antragsgegnerin diesen und die anderen Rechtsstreite führt, so war auch ihr Verhalten in der Ehe. Ich bitte Sie: Stoppen Sie diese Frau und zeigen Sie ihr die Grenzen auf.

Aber verschlimmbessern wollte er die Sache natürlich auch nicht.

Weiterhin bitte ich Sie, dieses Schreiben, sofern es zulässig ist, nicht an die Antragsgegnerin weiterzuleiten. Denn das führt wiederum zu einem Schreibanfall.

11. Justiz

Iudex non calculat – Der Richter rechnet nicht. So hieß es noch im alten Rom, womit gemeint war, dass Rechenfehler des Gerichts stillschweigend korrigiert wurden, ohne dass es deswegen eines Rechtsmittels bedurfte.

Und heute? Heute rechnet ein Richter zumindest damit, dass man ihm notfalls das vor- und ausrechnet, was sein Können überschreitet, mit anderen Worten: wenn ein Sachverständiger herangezogen werden muss.

Was das «erweiterte Gehirn des Richters», wie man die Rolle von Sachverständigen auch schon bezeichnet hat, dann aber so ausrechnet, überschreitet womöglich wiederum die Vorstellungskraft eines schlichten Juristenhirns. So hieß es im DNA-Gutachten eines Landeskriminalamtes:

Hieraus ergibt sich eine Häufigkeit von
1 zu ca. 470 Milliarden männlichen nicht blutsverwandten Personen.
Zum Vergleich: Die Erdbevölkerung umfasst ca. 6,5 Milliarden Personen.

Dieses geradezu galaktische Ergebnis schloss allerdings die Einbeziehung noch fernerer Welten keineswegs aus, hieß es doch weiter:

Sollte die festgestellte Häufigkeit als nicht ausreichend erachtet werden, kann die Nachbestimmung weiterer Systeme beantragt werden.

Dabei kriegt man in unseren Sphären kaum mal einen von denen da draußen im All zu sehen.

Aus einem Polizeireport:

UFO-Meldung über Lage- und Führungszentrum. Mehrere glaubhafte Hinweise aus der Bevölkerung: 70 – 80 beleuchtete unbekannte fliegende Objekte im Bereich Rosdorf Richtung Mengershausen.
Es konnte trotz intensiver Nachsuche kein Erstkontakt aufgenommen werden. Keine erneuten Sichtungen, keine erneuter Anruf.

Sachverständige rechnen manchmal verblüffend unkonventionell. Aus einer Kostenrechnung:

Summe Zeitaufwand	*10,25 h*
aufgerundet	*10,00 h*

Ein Prinzip, das sich durchaus einmal in einem Mietvertrag wiederfinden kann.

§ 3 Mietzins und Nebenkosten
1. Der Mietzins beträgt monatlich 120,00 EUR, in Worten Einhundertfünf Euro

Oder im Bescheid eines Versorgungsamts:

Auf Ihren Antrag stelle ich fest:
Ihr Grad der Behinderung (GdB) beträgt 50 (siebzig)

Und auch die Jugendgerichtshilfe zählt nicht etwa nur an zehn Fingern ab.

Zur Tatzeit war die junge Frau 18 Jahre und ca. 19 Monate alt und somit Heranwachsende laut JGG.

Helle Freude herrschte beim Empfänger dieses Gerichtsbeschlusses:

… wird der Strafbefehl des Amtsgerichts auf den Einspruch des Angeklagten hin gemäß § 411 Abs. 1 StPO geändert: Die Tagessatzhöhe beträgt nunmehr – 7,00 €.

So gesehen, bekam er also noch was raus.

Und selbst bei Gericht scheint man den Freuden nicht abgeneigt zu sein. Aus einem Vermerk:

Am 10. Februar wurde auch der Zeuge Meier beim Amtsgericht richterlich vernommen. Er meinte, er habe nicht gewusst, dass dort der Prostitution nachgegangen werde.

Gemeint war allerdings der Tatort in dem Verfahren. Das Gericht stand weiterhin mit weißer Weste da.

Apropos Weste. Von seinen Beteuerungen auf künftige Besserung ließ sich eine Berufungskammer überzeugen und gewährte dem Angeklagten im Gegensatz zur 1. Instanz noch mal Bewährung. Das offensichtliche Bemühen des Angeklagten um einen auch optisch exzellenten Eindruck in der Berufungsverhandlung griff das Gericht im schriftlichen Urteil so auf:

Es wird sich also in der Zukunft erweisen, ob der Angeklagte in der Berufungsverhandlung seine weiße Weste zu Recht getragen hat.

Und nochmals Weste. Weil er in einem anstehenden Rockerprozess auch eine Gefährdung seiner eigenen Person befürchtete, wollte der Vorsitzende der Strafkammer zu den Hauptverhandlungsterminen eine Schusswaffe tragen. Der Chef der Staatsanwaltschaft sah daraufhin eine weitere Gefährdungslage heraufziehen.

Für den Fall, dass der Antrag genehmigt wird, bitte ich um entsprechende Mitteilung. Da der Antragsteller eigenem Bekunden zufolge keine Schießausbildung genossen hat, werde ich im Fall der Erteilung einer waffenrechtlichen Erlaubnis beantragen, den im Schussfeld des Richters agierenden Vertretern der Staatsanwaltschaft schusssichere Westen zur Verfügung zu stellen.

Es stimmt schon: Die Staatsanwaltschaften zeigen in ihrer Arbeit durchaus mal klare Kante, womöglich auch in der Strafvollstreckung. Doch hatte dieses Landgericht die Sache in den völlig falschen Hals gekriegt. Schreiben an die Staatsanwaltschaft:

Es wird um Übersendung der vollständigen Strafkanten gebeten.
Die Akten werden hier mindestens 9 Monate benötigt, da ein Gutachten eingeholt wird.

Als ihm das Gericht wegen einer erneuten Verurteilung nicht mal die Bewährung widerrief, sondern lediglich die Bewährungszeit verlängerte, mochte der Verurteilte selbst das nicht einsehen.

Es kann nicht sein, dass ich laufend grundlos verurteilt werde. Mindestens 60% meiner eingetragenen Strafen gehören mir doch gar nicht.

Wie aber entstehen solche Kuckuckseier? Hier zwei Erklärungsansätze:

Das Urteil wurde doch nur wegen der Staatsanwältin gesprochen; der Richter wollte das Verfahren einstellen!

Oder auch:

Nach der Berufungsverhandlung sagten mir die Schöffen: Wir wollten nicht, dass Sie verurteilt werden, der Richter wollte das so. Schönen Dank auch!

Vor einem Hauptverhandlungstermin ist man also in der Regel nicht wirklich entspannt und hat dann womöglich das, was jemand mal so ausgedrückt hat:

eine strake Schlaffstürung.

Wie kommt man als Gericht Straftätern auf die Schliche? Am besten, indem man sich frühzeitig spezialisiert. So hieß es in der Bewerbung um eine Richterstelle:

Ich absolvierte das Studium der Rechtswissenschaft an der Universität München mit dem Schwerpunkt Kriminalität.

Da lernt man dann, was die Praxis später beweist, nämlich dass im Kampf gegen die Unterwelt, gegen die Panzer- und Schlossknacker unserer Zeit, so manches Opfer auf der Strecke bleibt.

Kurze Hergangsschilderung:

Fahrrad war angeschossen,

An Selbstbewusstsein fehlt es der angehenden Juristenzunft übrigens nicht. So versicherte die Thekenkraft in einer Diskothek der Polizei zu zwei stibitzten Drinks:

Das war garantiert einer von den beiden Beschuldigten, da bin ich mir ganz sicher. Ich studiere Jura, ich weiß, was ich sage.

Später mag dann eine gewisse Milde gegenüber denjenigen einkehren, die vergeblich an den Mysterien des Rechts kratzen. Aus einem Urteil:

Zugunsten des Angeklagten war zu berücksichtigen, dass er – gerichtsbekannt – versucht, sich durch das Lesen von Rechtskommentaren rechtskundig zu machen, und dass das von ihm nicht immer ganz verdaute Wissen ihn zu Fehlhandlungen verleitet.

Gekratzt hatte der Angeklagte nämlich auch an seinem Auto, wobei er das von einem Gerichtsvollzieher angebrachte Pfandsiegel entfernt und sich deshalb eine Verurteilung wegen Siegelbruchs eingefangen hatte.

In seiner Berufungsbegründung ging es dem Angeklagten später neben allerlei rechtlichen Einwänden auch um Ornithologisches.

Als ich zwischenzeitlich geschäftliche Besorgungen in der Fußgängerzone erledigte, hatte der Gerichtsvollzieher den parkenden Wagen erspäht und, wie er in der Beweisaufnahme 1. Instanz sagte, «praktisch im Vorbeiflug» das Siegel am Pkw angebracht. Diese Äußerung des Gerichtsvollziehers drängt nach einem Psychogramm, weil dieser sich offenbar für einen Vogel hält.

Auch die Presse hat es nicht leicht, wenn es um die anschauliche, gleichwohl korrekte Schilderung juristischer Vorgänge geht.

Beispielsweise kann in einer Hauptverhandlung das Verfahren zu einzelnen Anklagepunkten im Hinblick auf verbleibende gewichtigere eingestellt werden (§ 154 Abs. 2 StPO). *Welt Online* über einen Promi-Prozess, bei dem es um den Vorwurf der gefährlichen Körperverletzung zum Nachteil von drei Männern ging, wobei es zweimal beim Versuch geblieben war:

In dem Verfahren geht es auch um die versuchte gefährliche Körperverletzung von zwei weiteren Männern. Um den Prozess zu verschlanken, wurde von diesen beiden Männern einer gestrichen.

Und man fragt sich: Mit Längsstreifen?

Ferner wird die Berichterstattung in den Medien zuweilen als zu kaltschnäuzig empfunden.

Unser Sohn hat bei den Verhandlungstagen mehrfach unter Tränen sein zutiefstes Gereuen gezeigt (im Gegensatz zu den Zeitungsberichten).

Da ist einer bereits bestattet, aber deshalb trauen Gerichte dem Frieden noch lange nicht.

Aus einem Gerichtsbeschluss in einem Insolvenzverfahren über den Nachlass eines, nun ja, Verstorbenen:

Dem Erblasser wird die Verfügung über sein gegenwärtiges und zukünftiges Vermögen für die Dauer des Insolvenzverfahrens verboten und dem Insolvenzverwalter übertragen.

Aber wirklich nur für die Dauer des Insolvenzverfahrens. Alles nach dem Motto: Ich weiß, was ich sage.

Und damit nicht noch andere auf dumme Gedanken kommen:

Personen, die Verpflichtungen gegenüber dem Erblasser haben, werden aufgefordert, nicht mehr an den Erblasser, sondern nur noch an den Insolvenzverwalter zu leisten.

Sonst muss das Friedhofsamt am Ende einen Bankschalter einrichten.

In medizinischer Hinsicht sollte man unseren Gerichten, zumal auf die Ferne, nicht zu viel abverlangen.

Es wird beantragt, die Beklagte von ihrer Pflicht zum persönlichen Erscheinen zu befreien. Die Beklagte ist im 8. Monat schwanger und die Aufregung einer Gerichtsverhandlung wegen des problematischen Schwangerschaftsverlaufs aus medizinischer Sicht unzumutbar. Es wird höflichst um Faxbestätigung der Entbindung gebeten.

Wer als Angeklagter das Gericht versetzt und ohne Entschuldigung seiner Hauptverhandlung fernbleibt, muss damit rechnen, dass man ihn zum nächsten Termin per Haftbefehl einfängt.

Dieses Gericht erläuterte das im Haftbefehl anschaulich so:

Es besteht der Haftgrund des § 230 Abs. 2 Strafprozessordnung.

Der Angeklagte macht Verdruss,
weil er nicht kommt, doch kommen muss.
Und weil er heut ist nicht gekommen,
wird in U-Haft er genommen.
Zu diesem Zwecke nehmen wir
ein Stück Papier,
rot, DIN A 4
und sperren ihn dann sofort ein
ins Staatshotel zu Preungesheim.

Die Unabhängigkeit und Neutralität unserer Richter ist das Rückgrat des Rechtsstaates. Da sollte also keiner in der Nähe sein, der einen in der Hand hat, auch kein Kollege, schon gar nicht, wenn er als Beisitzer in der eigenen Kammer Dienst tut.

Aus der Vorstellung eines neuen Richterkollegen im Intranet des Landgerichts:

Ferner ist er Besitzer und Vertreter des Vorsitzenden der 3. großen Strafkammer.

Und weil insbesondere die Juristen wissen, dass zwischen Besitz und Eigentum fein säuberlich zu unterscheiden ist, noch dieser Satz aus einem Polizeivermerk:

Gegen 9 Uhr wurde das Objekt durch Unterzeichner aufgesucht, um einige Eigentümer der auf Blatt 44 genannten Personen zu befragen.

Kaum hatte das Amtsgericht den Strafbefehl zugestellt, da gab's Post von der Angeklagten. Einspruch einzulegen, ist nun mal das gute Recht eines jeden Angeklagten, wobei der Einspruch auf bestimmte Beschwerdepunkte beschränkt werden kann (§ 410 Abs. 2 StPO).

Beschwerde gegen meine Personalien

Sehr geehrter Herr Richter,

in obiger Strafsache reiche ich Beschwerde nur gegen meine Personalangaben ein. Ich bitte diese abzuändern und mir und den Beteiligten einen korrigierten Strafbefehl zuzusenden.

Begründung:
Der Geburtsname – Fricke – ist falsch!! Ich – Brigitte Bolte – bin am 3.6.1962 unter dem Familiennamen Bolte geboren. So ist es noch heute. Unter Familienstand – verheiratet – bitte ich diesen Vermerk zu entfernen. Hierzu mache ich keine Angaben. In der Strafsache selbst erhebe ich keinen Widerspruch.

Dabei hat eine Ehe durchaus ihre Vorteile. Das Leben wird kurzweiliger. So antwortete eine Frau auf eine Vermögensanfrage im Rahmen der gewährten Prozesskostenhilfe:

Für meine Unterhaltung sorgt mein Mann.

12. Knast

Im Knast verschwindet man bei uns nicht einfach so auf Nimmerwiedersehen, selbst wenn man verschubt wird.

Uns wurde mitgeteilt, der Beschuldigte sei letzte Woche in die JVA Würzburg verschluckt worden.

Nein, es geht alles ordentlich und amtlich zu. Brief der Gemeindeverwaltung:

Sehr geehrter Herr Klemm,

wie ich durch die JVA erfahren habe, sind Sie am 21.7.2014 zugezogen, ohne bisher Ihrer Meldepflicht nachgekommen zu sein. Da Sie sich länger als 6 Monate hier aufhalten werden, sind Sie nach den Bestimmungen des Meldegesetzes verpflichtet, sich innerhalb einer Woche nach erfolgtem Zuzug anzumelden.

Bei Einzug in den Knast hat ein Gefangener die meisten seiner persönlichen Sachen in der Effektenkammer abzugeben. Nur ganz selten mutieren sie dort zu einem Völkerstamm.

Dem Gefangenen wurden bei seiner Entlassung die Sachsen ausgehändigt.

Unser Strafvollzug ist darauf bedacht, den Übergang in die Freiheit, gerade bei jüngeren Gefangenen, durch verzahnte Entlassungsvorbereitungen zu optimieren. Dass das Konzept aber zuweilen noch ohne rechten Biss sein mag und die jungen

Leute draußen dann doch sich selbst überlassen sind, könnte diese Formulierung andeuten, als die Rede war von

entzahnten Verlassungsvorbereitungen.

Den Tag der Entlassung bestimmt im Erwachsenenvollzug die Strafvollstreckungskammer (StVK), wobei sie die für den Verurteilten (VU) nicht uninteressante Frage zu entscheiden hat, ob es schon nach der Hälfte beziehungsweise nach Zweidrittel der eigentlichen Strafzeit wieder in die Freiheit gehen kann. Auf Bewährung, versteht sich.

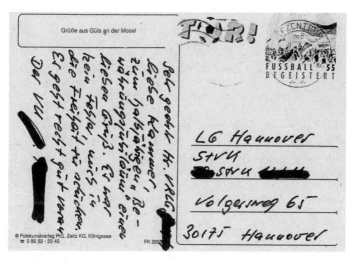

Man sollte sich im Knast nicht einfach umpusten lassen, erst recht nicht von einem Zellengenossen.

Er hat mich sofort verbal heftig gegen die Wand gestoßen.

Dieses Phänomen gibt es auch draußen. Eine Zeugin wusste dazu zu berichten:

*Mein Ehemann rief mich an und bat mich ganz aufgelöst, die
Polizei zu verständigen. Auf meine Nachfrage erklärte er mir,
dass der Ladendetektiv ihn immer wieder tätlich angriff. Und
dass es besonders extrem ist, wenn dessen Kollegin den Raum
betrat. Daraufhin habe ich den Notruf der Polizei gewählt und
diese gebeten, sofort jemanden zu der Filiale zu schicken.
Danach habe ich erneut meinen Ehemann angerufen und ihm
mitgeteilt, dass die Beamten auf dem Weg sind. Er sagte mir,
dass er Schmerzen habe, da die Tätlichkeiten des Ladendetek-
tivs ziemlich verbahl waren.*

Und auf keinen Fall sollte man sich im Knast abmurksen lassen. Beschwerde über einen Mitgefangenen:

*Er sagte: «Ich mogs dich ab! Ich bringe dich um! Ich mache
dich fertig!» Diese Androhungen wurden ernsthaft im öfteren
wiederholt.*

Lässt sich eine Geldbuße, etwa für einen Verkehrsverstoß,
nicht eintreiben, so kann auch das Gericht etwas androhen,
und zwar Erzwingungshaft. Fragt sich nur, welche Seite das
mehr schreckt.

Vermerk der Geschäftsstelle:

*Der Betroffene sprach hier vor und teilte mit, wenn er denn
dann ins Gefängnis gehen sollte, müsste auch eine Zelle für ihn
vorbereitet werden. Er hat nämlich Pflegestufe 2 und wenn er
auf Toilette geht, sind seine Arme zu kurz, um sich den Arsch
abzuwischen. Dies müsste dann jemand für ihn tun.*

13. Wer den Schaden hat

Im Rundblick Nord-Report konnten wir lesen:

Das Innenministerium bereitet für den 15. März einen landesweiten Tag der Zivilcourage vor, der jedes Jahr wiederkehrend begangen werden soll. Grundlage ist ein Kabinettsbeschluss, der vor einigen Monaten nach dem Gewaltexzess auf einem Münchner S-Bahnhof getroffen worden war.

Wie sehr man in Zukunft, und zwar frei von kostspieligen technischen Finessen, ausschließlich auf den Mut der Bürger vertraute, bewies diese Passage:

Dabei ist der Ausbau technischer Sicherungs- und Alarmmöglichkeiten in öffentlichen Verkehrsmitteln ein Teil der Initiative zur Zivilcourage.

Zur Begehung eines Körperverletzungsdelikts gehören immer mindestens zwei, nämlich Opfer und Täter, wobei die Rollen durchaus changieren können. Aus einer Strafanzeige:

Drei Tage nach dem ersten Vorfall wollte mich der Beschuldigte auf dieser Party wieder schlagen. Das ist dann aber unterblieben. Die beiden Frauen haben mich nämlich zurückgehalten.

Wie so etwas hätte weitergehen können, erfahren wir hier.

Ich stellte Fredo zur Rede, was das denn nun wieder bedeuten sollte. Daraufhin griff er mir mit beiden Händen an den Jackenkragen und zerrte fest daran. Er sagte: «Du kriegst jetzt welche auf die Schnauze von mir!»

Hieraufhin habe ich ihn gebeten, dass er seine Hände von meiner Person fernhalten soll und mindestens 5 Meter Sicherheitsabstand von mir nehmen soll zu seiner eigenen Sicherheit, weil ich sonst in Notwehr handeln würde.

Dieser Aufforderung ist der Fredo nicht nachgekommen, im Gegenteil, er wurde noch rabiater, indem er noch heftiger an meiner Jacke zerrte. Ich war jetzt nicht mehr in der Lage, ihn durch gutes Zureden von mir abzuwenden.

Und das Ende vom Lied? Heftige Kinn- und Nasenverletzungen bei Fredo. Aber ob Fredo nach dem Wegschubsen nur gestolpert und dann unglücklich auf den Bürgersteig gefallen war, wie der Beschuldigte behauptete, das war doch sehr die Frage. Denn Fredo beharrte darauf, die Verletzungen seien genau nach Ansage des Beschuldigten erfolgt, und die habe so gelautet:

«Jetzt liegt der hier und macht einen auf doof! Man müsste ihm richtig eins in die Fresse treten, damit er seine Schnauze endlich mal voll kriegt!»

Es ist gerade nach Schlägereien immer erfreulich, wenn eine Aussage Hand und Fuß hat.

Der Beschuldigte schlug und trat das Opfer mit der Faust.

Wie versicherte doch jemand:

Das habe ich mit beiden Augen genau gehört.

Vom beschuhten Fuß, und nicht etwa vom befußten Schuh, wie es einmal hieß, ist übrigens gern die Rede, wenn die Heftigkeit eines Fußtritts zu dokumentieren ist. Neu war:

Der Täter versuchte, ihn mit dem besohlten Fuß zu treten.

Aber es gehört schon eine gehörige Portion Sensibilität dazu, nach einem Körperverletzungsdelikt wirklich wahrheitsgemäß aussagen zu können.

Ich trat dann nach ihm. Ob ich ihn traf, kann ich nicht sagen. Vom Gefühl im Fuß her kann ich es nicht ausschließen.

Nach so viel Redlichkeit jetzt zweimal etwas Haarsträubendes.

Zunächst ein Zeuge:

Ich hatte einen guten Blick auf die Situation, so dass ich genau sehen konnte, wie sich nun die beiden Skinheads in die Haare kriegten.

Und hier ein Verteidiger:

Mein Mandant hat keinen Polizeibeamten mit einer Fahnenstange geschlagen. Die Fahnenstange wurde von mehreren Personen festgehalten, quasi als Absperrung. Geschlagen wurde damit nicht. Mein Mandant hatte damals einen «grünen Hahnenkamm»; es war aber so, dass zahlreiche Personen die Fahnenstange waagerecht hielten. Möglicherweise fiel mein Mandant wegen seines grünen Hahnenkammes auf, er hat aber, wie gesagt, damit überhaupt nicht geschlagen.

Manche Vorwürfe wirken eben wie an den Haaren herbeigezogen.

Immer vorausgesetzt, es sind welche da. Sonst muss man sich womöglich noch Verdächtigungen der besonderen Art erwehren.

Meine Glatze trage ich zur Zeit nur, weil meine sonst ständig gefärbten Haare immer abbrachen. Mein Friseur und auch meine Frau rieten mir zur Glatze, damit die Haare neu wachsen können.

Ich möchte deutlich machen, dass ich keiner rechten Szene angehöre.

Wo Aggressionen im Spiel sind, kann leicht mal etwas hochgehen.

Die Frau wurde darauf hingewiesen, dass das geschilderte Verhalten ihres Mannes einem Pulverfass gleichkäme und es nur eine Frage der Zeit wäre, bis es bzw. ihr Mann explodiert.

Gar mit dem Tode sollte dieser Mann seine Partnerin bedroht haben, und zwar unter Anspielung auf gut geschliffene Messer. Allerdings hatte ihn wohl schlicht nur die Eifersucht übermannt.

Die Polizei:

Die Bedrohung soll am Tag der Trennung im Wohnhaus des Beschuldigten (also in Frankreich) stattgefunden haben, als die Geschädigte ihre Sachen packte und noch ihre persönlichen Papiere und Gegenstände, unter anderem mehrere scharfe Männer, aus der Küche holte.

Ob nun Messer oder Männer, hier die klare Aussage einer Frau:

Ich habe erst kürzlich meinen Mann umlegen lassen.

Aber keine Angst. Der war schon tot. Er wurde lediglich umgebettet.

Die Bedrohlichkeit, die von scharfen Messern ausgeht, ist übrigens differenziert zu betrachten.

Ein Vater:

Mein Sohn hat sich das Messer seitlich an den Hals gehalten und geschrieen: «Ich bringe mich um! Erst mich und dann dich.»

Offenbar gibt es auch kriminelle Vorhaben, denen der rechte Grund eher fehlt.

Der Beschuldigte bedrohte den Geschädigten mit einem Messer. Er äußerte, ihn abstechen zu wollen. Einen Grund dafür gab es nach Angaben des Geschädigten nicht.

Also besser, wenn angestaute Wut sich in moderater Form entlädt.

Aus einem Einsatzprotokoll der Polizei:

Nach verbalen Streitigkeiten mit ihrem Freund lief die Geschädigte in die Nachbarwohnung zu ihrer Bekannten. Der Beschuldigte rannte hinterher und bewarf die beiden Frauen mit Schokoküssen.

Gut dran ist ebenso, wer nach Hitzigkeit seinen Kopf rasch wieder in den Kühlmodus zurückzuversetzen weiß.

Aus einem Polizeiprotokoll:

Im Verlauf der Sachverhaltsschilderung vor Ort steigerte sich der Beschuldigte immer weiter rein. Zum Schluss überschlug sich seine Stimme und er war nur noch am Schreien. Dabei schmiss er mit Gegenständen in seinem Fahrradverleih um sich. Anschließend war er so aufgebracht, dass er sich eine Flasche Mineralwasser über den eigenen Kopf schüttete, um wieder abzukühlen.

Ein heftiges Zerwürfnis muss keineswegs das Ende einer Partnerschaft sein. Besonders dann, wenn ein Mann seine charmante Seite hervorzukehren versteht.

In der Folge des Streites, der hauptsächlich über SMS ausgetragen wurde, ist es möglich, dass ich die Nina als Missgeburt und Schlampe bezeichnet habe. Ich habe aber lediglich damit bezweckt, sie auf irgendeine Weise zurück zu bekommen.
Wenn ich sie bedroht haben sollte, hatte dies den gleichen Zweck und war nicht gegen ihre Person gerichtet. Ich wollte sie dann nur einschüchtern, um zu bewirken, dass sie zu niemandem anders geht.

Ehe eine feste Beziehung ins Geld geht, etwa weil die Freundin zu anspruchsvoll wird, verlegen sich manche lieber auf kostengünstigere Varianten, wie zum Beispiel auf

One-Night-Cents.

Glück und Glas, wie leicht bricht das – sagt uns der Volksmund. Und auch Porzellan kann durch bloßen Gebrauch von Fremdwörtern zu Bruch gehen.

Aus einem Durchsuchungsbericht:

Auf dem Couchtisch stand eine kleine Porzellan-Manufraktur, in welcher sich Schmuckgegenstände befanden.

Berufsbetreuer scheinen im Umgang mit ihren Probanden manchmal alles andere als zimperlich zu sein.

Durch strikte Zuteilung des Geldes konnte verhindert werden, dass auch am Monatsende immer genug Nahrungsmittel vorhanden sind.

Oder auch:

Da der Proband gelegentlich Alkoholrückfälle hat, zeitweise depressiv ist und über Magenprobleme klagt, ist ein engmaschiges Betreuungsnetz erforderlich, um diesen Status zu erhalten.

Und es ist allemal eine Beschwerde an das Gericht wert, wenn man von seinem Betreuer stets nur eine Abreibung bekommt.

Ich möchte Sie bitten, sich meine Betreuungssache anzunehmen, denn mein Betreuer ist für mich nicht erreichbar. Wenn ich wichtige Formalitäten brauche, werde ich mit seinem Anrufbeantworter frottiert.

Wie schrieb doch ein Betreuer in seinem Jahresbericht:

Die geistlichen Krankheiten des Betreuten sind leider unheilbar.

Bei der Bewährungshilfe geht es dagegen weit kuscheliger zu.

Der Gesundheitszustand des Probanden hat sich weiter verschlechtert. Das letzte Gespräch mit der Bewährungshilfe hat bereits nur noch im Bett stattgefunden.

Erst gegen Ende der Bewährungszeit wird es dann eine ziemlich blutleere Sache.

Der Proband läuft bald aus.

Und dann macht sich ein Bewährungshelfer vielleicht Gedanken darüber, was bis dato sträflich vernachlässigt wurde:

Leider hat der Proband bis auf den heutigen Tag keine Freundin. Andere strafbare Handlungen sind bislang nicht vorgekommen.

Berufsbetreuer, das sei hier einmal gesagt, sollten optimistisch und kontaktfreudig sein. Wenn sie zur rechten Zeit am rechten Ort weilen, sind interessante neue Bekanntschaften vorprogrammiert.

Bericht an das Gericht:

Die beiden nicht wahrgenommenen Termine beim Gesundheitsamt gehen gänzlich auf das Konto des Betreuten. Mein Versuch, ihn durch lautes Klopfen an seiner Appartementtür zu wecken, brachte leider nicht den gewünschten Erfolg. Dafür lernte ich viele neue Leute kennen, die sich um 10.30 Uhr durch meinen Lärm in ihrer Nachtruhe gestört fühlten und schon zu dieser frühen Stunde voll des guten Metes waren.
Meinen Optimismus, ihn durch meine Überredungskunst zu einem Nachmittagstermin bei einem niedergelassenen Arzt zu bewegen, schöpfe ich aus der Tatsache, dass der Betreute sehr wohl die Termine bei mir regelmäßig einhält, um die Finanzierung seiner Grundbedürfnisse sicher zu stellen.

... zur rechten Zeit am rechten Ort. Ganz anders in dieser Strafanzeige der Polizei, die einen Verstoß eines Ausländers gegen eine räumliche Beschränkung nach dem Aufenthaltsgesetz betraf. Dort hieß es unter der Rubrik

Tatbegehungsweise: Anwesenheit am falschen Ort zur falschen Zeit

Noch einmal zurück zum Frottieren. Da vermerkte ein Betreuer zu der Frage, welche Wünsche die Betreute habe:

Konfrontation mit Familienangehörigen.

Oder auch:

Besonderes Essen, Familien grillen.

Andere dagegen sind wunschlos glücklich. Und so schrieb ein Berufsbetreuer sichtlich zufrieden in seinen Formularbericht an das Gericht:

Der Betreute äußert folgende Wünsche: keine
Den Wünschen konnte nachgekommen werden: Ja

Bei der privaten Betreuung tritt man zuweilen freiwillig ins zweite Glied zurück, weil Übung eben doch nicht immer den Meister macht.

Schreiben an das Amtsgericht:

Hiermit beantrage ich die Breuer von meinem Vater als erster Betreuer und meine Mutter die zweite Betreuerin. Weil meine Mutter aus Gesundheit gründen das nicht mehr aus übung kann.

14. Anwälte

Dass Anwälte, die sich für ihre Mandanten ins Zeug legen, gelegentlich der Gefahr der Schönfärberei erliegen, mögen sie entrüstet zurückweisen. Hier war es aber immerhin ein medizinisches Sachverständigengutachten in einem Arzthaftungsfall, das für sich sprach.

Zusammenfassend kann man sagen, es handelte sich bei der 100-jährigen Heimbewohnerin um eine fortgeschritten demente, gebrechliche, inkontinente, schwerhörige und in jeder Hinsicht auf Hilfe angewiesene Frau. Es war bereits zu akuten Verwirrtheitszuständen sowie zur Blasenentzündung und einem leichten Schlaganfall gekommen. Wie Herr Rechtsanwalt Rosa die alte Dame in seiner Anzeige an die Staatsanwaltschaft als «in guter altersgemäßer Verfassung» beschreiben konnte, vermögen wir nicht recht nachzuvollziehen.

Ein im Leben stehender Anwalt wird zur Verdeutlichung seiner Argumentation stets einleuchtende Beispiele aus eigenem Erfahrungsschatz zur Hand haben.

Schriftsatz an die Staatsanwaltschaft:

Da die Verständigung mit meinem Mandanten aufgrund seiner beschränkten Deutschkenntnisse schwierig ist, vermute ich, dass seinen hier fraglichen Angaben ein falsches Verstehen zugrunde liegt.
Der geneigte Leser bzw. die geneigte Leserin mag sich einmal kurz vor Augen führen, wie oft man schon bei Gericht oder Zuhause oder im Sportverein oder beim Einkaufen oder wo auch immer vom Gegenüber falsch verstanden wurde. Ich

habe mit meiner Schwiegermutter beispielsweise regelmäßig Missverständnisse. Keine Ahnung wieso. Aber auch wenn ich mich – nach meinem Dafürhalten – eindeutig und glasklar geäußert habe – sie versteht meine Sätze einfach nicht. Das ist regelmäßig nicht weiter schlimm und klärt sich früher oder später auf.

Hier aber führte die Angabe eines Menschen über das, was ein schlecht deutsch Sprechender ihm vor einiger Zeit einmal am Telefon gesagt haben soll, zu einem strafrechtlichen Vorwurf. Ich führe jeden Tag zahlreiche Telefonate und kann mich ehrlich gesagt schon nicht mehr an die Gespräche von vorletzter Woche erinnern.

Und natürlich ging die Staatsanwältin in ihrer Antwort auf diese Problematik ein.

Es tut mir für Sie und Ihre Ehefrau sehr leid, dass Sie sich mit Ihrer Schwiegermutter nicht verstehen.

Vielleicht sollten Sie Ihrer Schwiegermutter (ohne dieser zu nahe treten zu wollen) zu einem Hörgerät raten. Oder liegt es einfach daran, dass Sie selbst die falsche Sprache sprechen? Wie wäre es mit der (Schwieger)Muttersprache anstelle von juristischem Fachchinesisch?

Auch habe ich es wegen Ihrer Erinnerungslücken vorgezogen, Sie anzuschreiben statt zu telefonieren, weil Sie das Gespräch mit mir vermutlich sofort wieder vergessen hätten.

Nun aber zur Sache:…

Schön auch, wenn ein Anwalt sich einer bildhaften Sprache zu bedienen weiß.

Dem Kindesvater war schon klar, dass die Kindesmutter hier alte Karamellen aus der Schublade holen wird, um den Kindesvater in ein schlechtes Licht zu rücken.

Damit allerdings hatte er sich selbst einen Bonbon an die Robe geklebt, denn umgangssprachlich kramt man anstelle von Altbekanntem auch olle Kamellen hervor, wobei die Redensart Kamille im Blick hat (niederdeutsch Kamelle), die durch langes Lagern ihre Heilkraft verliert.

Anders als ein Laie, der gleich weiß, was Sache ist, neigt ein Anwalt zu einer abwägend-differenzierten Betrachtungsweise.

Schriftsatz eines Verteidigers:

Ich weise darauf hin, dass mein Mandant im letzten Strafverfahren wegen Schuldunfähigkeit freigesprochen wurde. Mein Mandant, der bei mir unter Betreuung steht, ist grenzdebil, was auch für den Laien schon nach kurzem Gespräch relativ offensichtlich ist. Ich kenne den Mandanten seit vielen Jahren. Ich habe mich anfänglich immer gefragt, ist er wirklich so dumm oder tut er nur so? Es ist tatsächlich so: mein Mandant ist im pathologischen Sinn schwachsinnig.

Gut auch, wenn ein Anwalt sich in die Denkweise dörflicher Nachbarschaft hineinversetzen kann. So vermag er seine Argumentation überzeugend zu unterfüttern, wie hier in einem Mietprozess, in dem es um die Rechtfertigung einer Mietminderung durch seine Mandantschaft ging.

Die Darstellung, die Beklagten hätten zur Vermeidung von etwaigen Wasserschäden die Möglichkeit gehabt, den Rollladen herunter zu lassen, kann im Grunde nur auf Erheiterung stoßen. Das haben die Beklagten zwar auch getan, allerdings bedarf es wohl keiner weiteren Ausführungen, dass dies kein «Zustand» war, zumal angesichts der heruntergelassenen Rollläden bei Außenstehenden die Vermutung aufkommen konnte, man würde es vorziehen, tagsüber aus welchen Gründen auch immer im Dunkeln zu verbringen. Es soll Personen geben, die

*erst, wenn es dunkel ist, anfangen, Alkohol zu trinken, und, um
diesen Zustand zu beschleunigen, sich Gardinen und Rollos bedienen.*

Essentialia negotii ist ein lateinischer Fachbegriff für den notwendigen Mindestinhalt einzelner Vertragstypen. Schön und
gut; nur wer als Anwalt beim Diktieren zum Nuscheln neigt,
sollte lieber Korrektur lesen, bevor der Schriftsatz die Kanzlei
verlässt.

*Es fehlt bereits an einer Einigung über die Miethöhe als essenti-
lia vegohi, ohne die ein Vertrag nicht zustande kommt.*

Es ist sehr beliebt, eine Revision in Strafsachen auf die Verletzung formellen Rechts mit dem Argument zu stützen, in der
Hauptverhandlung sei ein Beweisantrag der Verteidigung zu
Unrecht abgelehnt worden. Weniger beliebt sind die erhöhten
Anforderungen an die Darstellung einer solchen Rechtsverlet-
zung in der Revisionsbegründung. Die Rechtsprechung ist da
sehr streng, weshalb so mancher nicht spezialisierte Anwalt
schon an dieser formalen Hürde scheitert. Auch hier ging's
schief. Das Nachsehen hatte, bei wohlwollender Auslegung,
aber wohl doch der Mandant und nicht sein Verteidiger, der
klagte:

*Es bleibt unverständlich, wieso beim Vorliegen aller Umstände
im Revisionsverfahren auf Kosten des nicht juristisch gebilde-
ten Laien die Gerechtigkeit verkürzt wird.*

Manche haben Rückgrat, andere bedürfen der Stützung. So ist
es nun mal im Leben, und das weiß natürlich auch ein Anwalt.

Schriftsatz an den Anwaltskollegen von der Gegenseite:

Ich gehe davon aus, dass Ihr Mandant so viel Zivilcorsage hat, gegenüber meinem Mandanten eine Entschuldigung auszusprechen.

Andere Kontrahenten sind zwar nicht gerade im siebten Himmel, aber irgendwie nahe dran. Ein Anwalt:

Die Parteien schweben in Verhandlungen.

15. Hygienische Zustände

Ich will niemandem den Appetit verderben, aber es soll vorkommen, dass Besucher von Schnellimbissen bei der Frage der Sauberkeit manchmal geteilter Auffassung sind. Doch welcher Imbissbetreiber möchte schon als Nestbeschmutzer dastehen, wenn ausgerechnet er alles auf Hochglanz wienert und damit die Konkurrenz alt aussehen lässt? Denn das könnte ihn sogar die Franchise-Lizenz kosten.

So hieß es, offenbar um sicherzustellen, dass die Kundschaft allerorten mit gleichbleibender Schmuddel-Optik eingelullt wird, im standardisierten Pachtvertrag einer Imbisskette wie folgt:

Die Sofortige Vertragsauflösung erfolgt durch folgende Gründe:

– Produkterweiterung ohne Absprache mit dem Frenchisegeber

– Nicht beseitigen von Hygienischenzuständen nach mehrmaligem auffordern

Dabei sollte es doch wie geleckt zugehen. Manchmal ist man erstaunt, was dann so alles zutage kommt.

```
den das kanz jar nicht sein , was der heer ██████ bᴏᴏeᴏo   hier an den
tag   leckt ,
```

Um die Sauberkeit einer Messie-Wohnung ist es meist nicht gut bestellt. In einem Durchsuchungsbericht der Polizei wurde zwar grob geschildert, wie es dort ausgesehen hatte, aber:

Auf eine detaillierte Beschreibung der Zimmer wird auch aus hygienischen Gründen verzichtet.

Essigessenz ist zwar ein tolles Reinigungsmittel; von inwendiger Anwendung ist allerdings dringend abzuraten.

Brief an die Polizei:

Frau Kieker hat meinen Hund Susy grausam mit Essigessenz grausam getötet, dass er grausam sterben musste.

Selbst die Frage, wo man sein Geld aufbewahrt, kann eine hygienische Dimension aufweisen. Aber schon die alten Römer wussten: Pecunia non olet – Geld stinkt nicht.

Der Beschuldigte wurde durch die aufnehmenden Beamten nach weiterem Diebesgut körperlich durchsucht. Hierbei wird nach Herunterlassen der getragenen Unterhose im Analbereich eine 50-Euro-Bargeldnote entdeckt. Weitere gefaltete Geldscheine, die sich ebenfalls dort befinden, werden durch den Beschuldigten ausgehändigt. Insgesamt handelt es sich um 685,– Euro (Stückelung 1 x 5,– Euronote, 4 x 20,– Euronoten, 16 x 50,– Euronoten). Weiterhin führt der Beschuldigte 6,82 Euro Münzgeld in seinem Portemonnaie mit sich.
Auf Frage, warum er das Geld im Analbereich aufbewahre und woher das Geld stamme, gibt der Beschuldigte an, Angst vor Überfällen zu haben. Das Geld sei erhaltener Lohn, den er am Nachmittag von seinem Konto abgehoben habe.

Geradezu als Dukatenesel erwies sich dagegen ein Psychiatriepatient. Der hatte, ausgestattet mit ihrer EC-Karte und zugehöriger PIN, für eine Mitpatientin Geld von der Bank holen sollen, was nach seinen Angaben aber gescheitert war. Ein Rückruf bei der Bank ergab dennoch eine Abbuchung in Höhe von 1000,– Euro. Die herbeigerufene Polizei durchsuchte den Mann, jedoch ohne rechten Erfolg. Die in seinem Portemonnaie aufgefundenen 50,– Euro stammten angeblich von seiner Mutter.

Die Wahrheit kam erst später ans Licht, nachdem der Patient in seinem Zimmer umgefallen war, offensichtlich nach dem Konsum einer illegalen Droge.

Die Polizei:

Der Pfleger des Nachtdienstes wurde gegen 22.30 Uhr Zeuge des Vorfalles. Der Beschuldigte hatte jetzt eine «größere» Stuhlentleerung, was ein eingewickeltes Päckchen mit Bargeld zum Vorschein brachte. Eine Inaugenscheinnahme des durch Kot beschmutzten Bargeldes ergab, dass es sich um 950,– Euro handelte.

Wenn im klinischen Sanitärbereich die Bodenabläufe und dergleichen nicht richtig funktionieren, gar Verstopfung droht, bitte immer Meldung an die Klinikverwaltung und nicht etwa Strafanzeige bei der Staatsanwaltschaft.

Die Hygienischen abläufe auf der Station 30 sind sehr schlecht (Toiletten).

Umgangssprachlich wird Cannabis als Shit bezeichnet, was offenbar einen in der Psychiatrie Untergebrachten auf eine ganz besondere Idee brachte. Der Gutachter:

Die Bereitschaft zu Cannabiskonsum, sobald möglich, zeigt sich darin, dass der Proband, fast psychotisch anmutend motiviert, seine Exkremente trocknet, um diese zu rauchen und auch an Mitbewohner zu verteilen, die dann von der berauschenden Wirkung überzeugt sind.

Die Aufarbeitung eines Drogenrückfalls führt im günstigen Fall zu einer Verhaltensstabilisierung, lässt einen Therapiepatienten aber vielleicht auch dauerhaft von Sorge gezeichnet zurück.

Nach Bearbeitung des Rückfallgeschehens ließ sich eine Faltenstabilisierung und verstärkte Kooperationsbereitschaft beobachten.

Was ist eigentlich besser, ein Leben mit Sucht oder eines ohne? Das scheint für manche tatsächlich eine Frage zu sein. Aus einem Prognosegutachten:

Der Proband hat sich krankheitseinsichtig und behandlungsmotiviert gezeigt. Er hat einen Abstinenzvorsatz formuliert und sich dahingehend geäußert, lernen zu wollen sein Leben ohne Sucht zu missbrauchen und ohne Verüben von Straftaten führen zu können.

Die folgende sprachliche Fehlleistung kommt in der einen oder anderen Form immer wieder vor. Hier jedoch hatte es das Landeskriminalamt in einem waffentechnischen Gutachten noch einmal so richtig auf den Punkt gebracht.

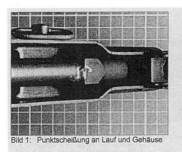 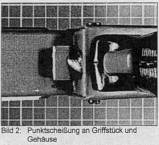

Bild 1: Punktscheißung an Lauf und Gehäuse   Bild 2: Punktscheißung an Griffstück und Gehäuse

Und eines schönen Tages hieß es auf der Speisekarte im Betriebsrestaurant des Justizministeriums unter «Vegetarisch»:

**Blumenkohlröschen
mit gerösteten Semmelbrösel und
gekacktem Ei**

Trotzdem lockte die Speisekarte mit «Guten Appetit!».

**Speisekarte für das Betriebsrestaurant
des Justizministerium Hannover
vom 07.05.- 11.05.2012**

	Menü I € 3,90	Menü II € 3,70	Vegetarisch € 3,90
Montag	**Nudeltag** Pasta mit getrockneten Tomaten und Oliven(6), dazu Kräuterdipp mit Räucherlachsstreifen	**Nudeltag** Spaghetti „Bolognese Art" mit Parmesan(8)	**Nudeltag** Nudeln mit Bärlauch - Pesto☺
Dienstag	Schulterbraten mit Kohlrabi und Petersilienkartoffeln(3)	Seelachstafel mit grünen Bohnen, und Bratkartoffeln(1)	Käsespätzle(8) an pikanter Sauce
Mittwoch	Hähnchenstreifen in heller Pfeffersauce dazu Gemüsereis	Bratnudelpfanne mit Schinkenstreifen(2,3,16) und Barbecue - Sauce	Rosmarinkartoffeln(1) mit Kräuterdipp an Salatgarnitur
Donnerstag	Fischnuggets in Kräuterpanade an Apfelremoulade und Kartoffeln(3)	Schweineleber „Berliner Art" mit Zwiebeln und Äpfel, dazu Kartoffelpüree(2,3,11)	Blumenkohlröschen mit gerösteten Semmelbrösel und gekacktem Ei
Freitag	Geschnetzeltes „Zürcher Art" mit Kräuterreis	Knusprige Kartoffelpuffer an Apfelmus, wahlweise mit Kräuterquark	In Vollmilch gekochter Grießbrei mit Brombeerkompott

Die Beilagen der einzelnen Menüs können Sie beliebig untereinander tauschen.
☺ **gesunde und fettarme Gerichte**
Farbstoffe 1,Konservierungsstoffe 2,Antioxidationsmittel 3,Geschwärzt 6,Süßungsmittel 11, Ascorbinsäure 15, Nitrit 16, Phosphate 7,Milcheiweiß 8

Guten Appetit!

Weniger bekömmlich scheint auch zu sein, wenn sich Fleischlosigkeit mit Fanatismus paart. So schrieb jemand, der nach eigener Behauptung seit vielen Jahren unschuldig in der Psychiatrie saß:

Ich schwöre, wenn es sein muss, auf die Heilige Schrift, dass das alles ein Komplott gegen mich ist, unter anderem weil ich die vegetarische Ernährung für die Welt einführen wollte.

Wer nachts regelmäßig Harndrang verspürt, kommt sich vielleicht irgendwann wie eine Art Bewässerungsanlage vor.

Nachts müsse er regenmäßig zwischen 24 und 6 Uhr aufstehen, um ca. 8 – 10mal Wasser zu lassen.

Besser so, als wenn es zu einer

Blasenentleerungsstörung mit Selbstkritikrealisierung

kommt, wobei wohl eher eine Selbstkatheterisierung gemeint war.

Wie ist es nun aber bei einer Störung der Entleerungsmöglichkeiten am Arbeitsplatz, sagen wir, in einer Staatsanwaltschaft? Dann ist die Behördenleitung gefragt. Mitteilung an die Mitarbeiter:

Wie aus der Mitteilung der Stadtwerke zu entnehmen, wird am Donnerstag die Wasserversorgung vorübergehend eingestellt. Mit den Stadtwerken wurde vereinbart, dass der Beginn der Leitungsspülung der Behörde vorab mitgeteilt wird. Nach Schließung des Hauptabsperrventils kann in Notfällen auf bereitgestellte Wassereimer zurückgegriffen werden. Ich bitte jedoch mit dem Nass sparsam umzugehen. Da nicht für jeden Mitarbeiter ein Eimer zur Verfügung gestellt werden kann, wäre es u. U. im eigenen Interesse sehr hilfreich, wenn ein eigener Wasserbehälter auf den Dienstzimmern deponiert werden könnte. Die kurzfristige Aufstellung einer Ausweichtoilette auf dem Behördengelände ist leider nicht möglich.

Aus dem Formel-1-Zirkus kennen wir Begriff und Funktion des Boxenstopps. Auf dem Terrain von Bekleidungsgeschäften kann ein Boxenstopp so aussehen:

Als Detektiv habe ich beobachtet, wie der Beschuldigte seinen alten gegen einen neuen Slip eintauschte, indem er in der Umkleidekabine den neuen Slip unterzog und den alten hinterließ. Nach der Kassenzone sprach ich ihn an. Er gab den Diebstahl zu und kaufte nachträglich den Slip.

Aufgrund der Einsparungen im Gesundheitswesen ist Zahnersatz für viele zu einer Art Luxus geworden, was ungeahnte Begehrlichkeiten wecken kann.

Ermittlungen der Polizei wegen Diebstahls in einem Seniorenheim.

Der Geschädigte legte sein Gebiss in seinem Zimmer in einem Wasserglas ab. Bei Rückkehr war die Teilprothese verschwunden. Der Geschädigte beschuldigt seinen Zimmermitbewohner als Täter.

Beim Zahnarzt geht es natürlich besonders hygienisch zu. Hier behauptete allerdings jemand, bei einer Behandlung sei ein

Definisons Mittel

sprich ein Desinfektionsmittel aus hundertprozentigem Alkohol zum Einsatz gekommen, welches eine Vergiftung verursacht habe. Es handelte sich eben um einen sehr

ministhiosen Fall

Seit vielen Jahren bin ich in meiner Behörde für die so genannten Ärztesachen zuständig, aber diesen Strafbefehl (Auszug) habe ich nun wirklich nicht verbrochen, zumal er stark ins Arzneimittelrecht abzudriften scheint.

Statt dessen stellten Sie kurzerhand die Fehldiagnose einer Brustwirbelsäulen-Blockierung und infizierten ein Schmerzmittel.

Europas herrliche Strände – wir lieben sie sauber und hygienisch. Natürlich muss da jeder mithelfen. Wie aber sag ich's dem deutschen Touristen, etwa am schönen Gardasee?

Uber Verbottene

Einzahlungen Boote, Schuhe etc., Store Sonnenschirme, Liegestühle und andere Geräte über die Zeit des Badens, Camping, außer in speziell behandelten Tieren führen gesetzt, warf Feuer zu entfachen, die alle Fischfang während der Stunden Schwimmen, Spielen, Müll aller Arten.

Na bitte, geht doch.

Es gibt erschreckende Zahlen dazu, welche Mengen von Lebensmitteln in Deutschland weggeworfen werden. Manches landet sogar im strafrechtlich relevanten Bereich.

Aus einer Zeitungsmeldung:

Bereits länger andauernde Nachbarschaftsstreitigkeiten zwischen zwei Frauen mündeten in einer Lauchsuppenattacke gegen den Pkw der einen. Da die Flüssigkeit auch in den Motorraum bzw. den Kühlergrill gelaufen ist, wird ein Ermittlungsverfahren wegen Sachbeschädigung eingeleitet.

Oder aus einer polizeilichen Anzeige:

Der Beschuldigte warf eine Pfanne mit Kartoffeln und Soße aus dem Fenster in der 1. Etage auf das Dach des Pkw der Geschädigten (Ford). Das Dach war anschließend mit angebratenen Kartoffeln bedeckt.

Laut Bewährungsbeschluss hatte er sich aus bestimmten Gründen von Kindergärten strengstens fernzuhalten. Trotzdem wurde er als «ungepflegte Person» vor einem solchen wahrgenommen. Zum Glück war dabei nicht mehr passiert. Und so hieß es im Bericht des Bewährungshelfers:

Gegen 12.30 Uhr wurde der Proband vor dem Kindergarten als unbefleckte Person wahrgenommen.

16. Dr. Freud

Ungewollt deutlich und in freudscher Manier kamen die Sorgen um einen alkoholgefährdeten jungen Straftäter in diesem Jugendgerichtshilfebericht zum Ausdruck:

Paul scheint zur Zeit ohne festen Wohnsitz zu sein. Nach Angaben der Mutter, die nur noch wenig Kontakt zu ihm hat, würde er wohl bei einem Bruder von ihr, dessen Anschrift sie allerdings auch nicht genau wusste, untergangsweise wohnen.

Die folgende Wortwahl in einem Protokoll ließ erahnen, dass es am Vorabend, womöglich auf einer Geburtstagsfeier, recht heftig zugegangen sein mochte. Bei Protokollierung einer Zeugenaussage unterlief dem Polizeibeamten diese Formulierung:

Ich fuhr dann also zur Sparkasse. Dort wollte ich für meine Nachbarin, die ein Bier gebrochen hat, Geld abheben.

Und vielleicht waren die Nachwehen einer solchen Vornacht gerade erst abgeklungen, als in einem Polizeibericht gleich dreimal die Rede war von einem

abgekaterten Spiel.

Hierher passt auch der Vortrag einer Verteidigerin, die ihrem minderjährigen Mandanten, dem üble Beleidigungen vorgeworfen wurden, bei einer Besprechung in Erinnerung gerufen hatte, was er da im Suff so alles von sich gegeben hatte.

Ebenfalls wurde ihm das Ausmaß seines Alkoholkonsums an diesem Abend sehr bewusst und hinterließ einen höchst unangenehmen Beigeschmack.

So gehen manche jungen Leute nicht einfach aus, um sich harmlos zu amüsieren, sondern haben offenbar schweres Komasaufen im Sinn, Filmriss eingeschlossen.

Ich war in der Diskothek gewesen zum Tanzen und Amnesieren.

Vorsicht auch vor den Größen des Discoumfeldes.

Aus einem anonymen Hinweis an die Polizei:

Bastian studirt in Hannover oder so aber handelt nur so mit Anabolicka und wacktumshormonpillen und hat gute kunde überall wo Disco ist. Hat grosse Angst for Pilizei aber selbst siht auch aus wie hormonriese mit arme bei brust wi kran.

In einem Urteil führte ein Richter versehentlich aus, was er sich in Wahrheit von dem trinkfreudigen Angeklagten erwartet hätte.

Nach diesen Feststellungen war der Angeklagte wegen Gefährdung des Straßenverkehrs durch vorsätzliche Trockenheit im Verkehr zur Verantwortung zu ziehen.

Frage an einen Zeugen in einem Vernehmungsprotokoll:

Können Sie die Alkoholisierungsstufen beim Beschuldigten anhand des betrunkenen Alkohols benennen bzw. einschätzen?

In einer polizeilichen Ausschreibung zur Aufenthaltsermittlung hieß es über den Gesuchten:

Konsument aller Drogen, Bedrohung, Nötigung, Diebstahl.

Wer unter Bewährung steht und Kontakt zu seinem Bewährungshelfer halten muss, empfindet das mitunter als lästig. Und umgekehrt.

Eine Bewährungshelferin:

Der Klient, den ich in dieser Bewährungssache noch knapp drei Jahre zu bereuen habe, absolvierte in den vergangenen Monaten verschiedene Lehrgänge.

Immerhin.

Dr. Freud stand auch Pate, als die Polizei einem Beschuldigten, gegen den man schon zum wiederholten Mal wegen Diebstahls ermittelt hatte, versehentlich den Vornamen

Klau-Peter

verpasste.

Oder aus einer Zeugenaussage:

Wir kannten den Mann nicht weiter. Um ihn kurz zu beschreiben: dunkel, kräftig gebaucht. Mehr kann ich zu seinem Äußeren nicht sagen.

Und damit man im Ernstfall mehr zum Äußeren sagen kann, hat die Bundespolizei ein Formular für die «Personenbeschreibung eines Tatverdächtigen» entwickelt, bei dessen Lektüre sich in einer Art Daumenkino-Casting die ganze Palette menschlicher Erscheinungsformen auftut. Ein Auszug:

Gestalt/Haltung:	*dick-schlank-schwächlich-steif-gebeugt-schief*
Gesicht u. Aussehen:	*länglich-rundlich-eckig/kantig-hohlwangig-faltig-frisch-blass-kränklich-pickelig*
Haar:	*hell-dunkel-braun-schwarz-rötlich-grau-weiß-meliert-gefärbt-voll-schütter-glatt-wellig-kraus-lang-gescheitelt-zurückgekämmt-Bürste-Teilglatze-vorn/hinten-Vollglatze-gepflegt-ungepflegt*
Stirn:	*hoch-niedrig-vorspringend-fliehend*
Augen:	*hell-dunkel-verschiedenfarbig-tiefliegend-hervorstehend-stechender/trüber Blick-Augenfehler-verschieden große Augen-schielend rechts/links-Auge fehlt-Glasauge-kurzsichtig-weitsichtig-Lidlähmung*
Nase:	*groß-klein-dick-dünn-spitz-schief-Adler-Boxer-Knollennase*
Ohren:	*groß-klein-abstehend-anliegend-angewachsene Ohrläppchen*
Mund:	*groß-klein-schief-breite/schmale Lippen-vorstehende Ober-/Unterlippe-Hasenscharte*
Zähne:	*groß-klein-weiß-gelb-dunkel-vollständig-unregelmäßig-lückenhaft-Über-/Unterbiss-vorstehende Schneidezähne-Metallkronen-Prothese oben/unten*
Kinn:	*zurückweichend-vorspringend-spitz-breit-Doppelkinn-gespaltenes Kinn*
Arme/Hände:	*Arme: kurz-lang-behaart Hände: groß-klein-gepflegt-behaart-abgearbeitet-ungepflegt*

Beine/Füße:	Beine: kurz-lang-O/X Füße: groß-klein-Plattfüße-Gehfehler-Gehweise

Als jemand nach getaner Arbeit die Betriebsdusche benutzte und währenddessen seine Gürteltasche draußen ablegte, war das für einen Langfinger eine zu große Verlockung.

Die Polizei:

Nach dem Duschen fiel dem Geschädigten auf, dass der Reizverschluss der Gürteltasche offen war und das Portemonnaie aus der Gürteltasche fehlte.

Es sind eben zuweilen bestimmte Assoziationen, die die Rechtschreibung diktieren.

Die Überprüfung im Warenwirtschaftssystem ergab, dass der Rasierer in diesem Jahr noch nicht verkauft wurde. Der Beschuldigte behaarte jedoch darauf, den Rasierer heute an der Kasse bezahlt zu haben.

Und auch hier tickte die Wortwahl nicht ganz richtig.

Dieses Gefahrgut, ob aus China oder Indien, ist eine tigernde Bombe, auch für die Schiffsbesatzung.

Manchmal spielt uns auch nur das soeben Gesagte einen Streich. Versprecher in einer Hauptverhandlung:

Als wir eintrafen, standen dort bereits mehrere Streifenwagen. Es war ein «ziemlich großes Aufgebot» – in Anführungsstreifen.

Den Leistungen von Sigmund Freud und seiner Zunft verdanken wir, dass wir unsere Psyche besser verstehen. Trotzdem bleibt noch vieles rätselhaft, was sich schon daran zeigt, wie schwer sich manche Leute auf diesem Sektor mit der Schreibweise tun.

Da wurde in einer Akte aus einem Psychagogischen Kinderheim sowohl ein

Psychgigisches als auch ein *Psychogogisches Kinderheim.*

Oder es hoffte jemand auf einen Neuanfang mit Hilfe einer *phschosozialen Betreuung.*

Ein anderer schenkte sein Vertrauen ausschließlich seinem

züchologeschen · artz

Und damit nicht auch noch Sprachbarrieren im Wege standen, wandte sich jemand an eine

ambulant türkisch sprechende Psychologin.

Die einen finden es aufregend, andere wirken deutlich abgeklärter. Dazu kann uns die Wortwahl in dieser Strafanzeige manches verraten.

Da hatte sich eine ältere Dame an einem lauen Sommerabend auf ihrem Spaziergang etwas ausruhen wollen, fand jedoch alle Parkbänke besetzt und hockte sich schließlich neben ein turtelndes junges Pärchen.

Als ich mich auf die Bank gesetzt hatte, verzog sich das Paar nach einer Weile in die dahinterliegenden Büsche. Kurz darauf vernahm ich dann von dort das monotone Geräusch des außerehelichen Beischlafes, woran ich Anstoß genommen habe.

Für zu Unrecht erlittene Strafverfolgungsmaßnahmen, beispielsweise für eine Durchsuchungs- und Beschlagnahmeaktion in einem später eingestellten Ermittlungsverfahren, sieht das Gesetz eine Entschädigungspflicht des Staates vor. Die erste Hürde für einen Antragsteller ist genommen, wenn diese

Entschädigungspflicht dem Grunde nach gerichtlich festgestellt ist, im so genannten Grundverfahren.

Über die eigentliche Höhe der Entschädigung wird dann in einem gesonderten Verfahren, dem Betragsverfahren, entschieden. Es versteht sich von selbst, dass man dabei den Schaden nicht etwa aufbauschen und mehr abkassieren darf, als einem zusteht. Kommt so etwas raus, hat man nach dem Betragsverfahren mit einem Betrugsverfahren zu rechnen.

Dass ein Anwalt in diesem Punkt seiner Mandantschaft (oder sich selbst?) nicht über den Weg traute, legte die von ihm konzipierte Vollmachtsurkunde nahe, die er in einem Grundverfahren überreichte. Darin wurde vom Mandanten in unbewusster Weitsicht allen Ernstes Vollmacht erteilt:

... zur Stellung von Anträgen nach dem Gesetz über die Entschädigung für Strafverfolgungsmaßnahmen, insbesondere auch für das Betrugsverfahren.

Als nach einer Scheidung um das Umgangsrecht mit dem gemeinsamen Kind gestritten wurde, machte ein Anwalt auf die seiner Meinung nach problematischen Zustände in der gegnerischen Wohnung aufmerksam. Unter anderem führte er aus:

Ferner befinden sich im Haushalt 4 Katzen, 2 Hamster und ein Kaninchen.

An späterer Stelle kam es dann geradezu folgerichtig zu dieser Fehlleistung:

Der Mandant hat sich bereits vor Wochen mit dem zuständigen Jugendamt in Verbindung gesetzt und auf die Miststände in der Wohnung hingewiesen.

Wer ständig mit Tieren zu tun hat, zum Beispiel ein Veterinäramt, sollte erst recht vor sprachlichen Fehlleistungen einschlägiger Art auf der Hut sein.

Betr.: Zusammenarbeit zwischen Veterinärbehörden und Staatsanwaltschaf

Manches kommt aber auch ganz bewusst daher.

An das Viehnanzamt

begann ein Schreiben, und dass es sich dabei nicht um eine freudsche Fehlleistung handelte, zeigte die Grußformel:

Mit größter Verachtung

Nicht zu verachten ist natürlich, wenn eine Behörde in einem Gebäude von offenbar beeindruckender Architektur residiert. Aber prahlen muss man ja nicht gleich damit, so wie hier im Niedersächsischen Ministerialblatt vom 9.4.2014, wo es in einer Überschrift hieß:

Stattliches Fischereiamt Bremerhaven

Es gibt Büchertitel, zum Beispiel «Der Dativ ist dem Genitiv sein Tod» von Bastian Sick, die werden so bekannt, dass ihnen selbst schon mal in einer Vernehmungsniederschrift gehuldigt wird, wenn auch hier grammatikalisch eine Schublade tiefer.

Bei der Anzeigenaufnahme war den Herrn Schwupper seine Betreuerin Frau Grote anwesend.

Schön auch diese Aussage zu einem Verkehrsunfall ...

Wie ich dann zu mir kam, lag meine Frau auf mich und schrie um ihr Kreuz.

... und dieser von mir einmal aufgeschnappte Warnruf einer Mutter:

Geh da weg, Lisa, du tust dich sonst aua machen!

Es ist ein bekanntes und ernstzunehmendes Phänomen, dass es bei der häuslichen Pflege durch Überforderung zu Übergriffshandlungen kommen kann. Auch bei Gericht hat man das verinnerlicht. Aus einem Beschluss:

Die Kindesmutter sieht sich nicht in der Lage, das Sorgerecht weiter auszuüben. Dies liegt zum einen an dem schwer gestörten Verhältnis zu ihrer Tochter, zum anderen an den sonstigen Belastungen – so ist sie ferner Mutter von zwei jüngeren Kindern und hat sich zwar von ihrem schwerkranken Ehemann getrennt, den sie jedoch teilweise schlägt.

Oder doch eher pflegt (und nicht etwa «aua machen tut»)?

Von einem Sachverständigen erwartet man eine offene, neutrale und abgewogene Stellungnahme. Hier hatte sich einer aber offenbar recht ausweichend geäußert. Der Anwalt:

Der Sachverständige ist zu einem abgebogenen Urteil gelangt.

Es sind vielleicht solche Vorgänge, die die Skepsis des betroffenen Bürgers gegenüber einem Gutachten hervorrufen.

Schuld war nur dieses Gefälligkeits-Schlecht-Achten von Dr. Fidel!

Als bei einer Justizverwaltung die knappen Mittel «nach dem Gießkannenprinzip» verteilt werden sollten, sah die Kanzlei wohl schon die langen Gesichter und schrieb:

nach dem Griesgramprinzip

17. Tierleben

You only live twice – Man lebt nur zweimal. Nicht nur James Bond beziehungsweise Nancy Sinatra wussten ein (Titel)Lied davon zu singen, auch die Jägerschaft kennt das Phänomen.

Einen Verstoß gegen das Tierschutzgesetz warf man ihm vor, begangen als Autofahrer, der einen Wildunfall nicht gleich gemeldet habe, so dass das Wildschwein noch über Stunden habe verletzt im Straßengraben liegen und leiden müssen, bis es die Polizei dort endlich mit zwei Dienstschüssen erlöst habe. Der Beschuldigte bestritt dies insofern, als er sich sehr wohl davon überzeugt habe, dass das Tier tatsächlich tot gewesen sei. Wenn es nun doch gelebt habe, gebe es dafür nur eine Erklärung:

Als langjähriger Jäger weiß ich, dass Schwarzwild nicht nur ein zähes Leben hat, sondern manchmal auch zwei Leben hintereinander. Sie fallen nach einem Schuss bei einer Drückjagd scheinbar tot um. Will man sie bergen, stehen sie wieder auf und laufen davon.

Erst geblitzt und dann gewitzt, und zwar bei der Begründung dafür, warum man an besagter Stelle einfach nicht habe langsamer fahren können.

Ein Marder hatte mir die Bremsschläuche sowie die Wasserschläuche angenagt! Die Bremsleitung ist geplatzt, so dass ich nur mit der Handbremse bremsen konnte! Hätte ich gewusst, dass an besagter Stelle Krankenhäuser, Altenheime, Kindergärten und Schulen sind, hätte ich den Marder gebeten, das Nagen sein zu lassen. Bin froh, dass an dieser Stelle keine Oma mit ihrem Rollator die Straße benutzte!!!

Nächtlicher Einsatz der Polizei.

Hinweisgeber vermutet Einbruch oder ähnliches auf dem Nachbargrundstück, da dort der Wachhund völlig ungewohnt seit nahezu einer Stunde bellt.
Festgestellt: Der arme Hund wurde durch einen ca. 20 cm vor seinem Drahtzwinger aufhältigen Igel aufs gröbste provoziert. Situation wurde deeskaliert. Platzverweis für Störer. Ruhe wieder hergestellt.

Aber auch aus anderen akustischen Gründen wenden sich Nachbarn manchmal an die Polizei. Hier ein Einsatz um 22.20 Uhr.

Es wird Beschwerde über Pizzabäcker geführt, der sich für Aufräumarbeiten bei Geschäftsschluss positiv stimmt, indem er bei geöffnetem Fenster die Nachbarn mit traditionellen italienischen Weisen a cappella beglückt, was diese nun überhaupt nicht zu schätzen wissen. (Musik wird störend oft empfunden, derweil sie mit Geräusch verbunden – Wilhelm Busch)

Wenn die Polizei fremde Wohnungen betritt, finden vorhandene Haustiere in den Berichten häufig eine ausdrückliche Erwähnung.

Die Wohnung der Frau Meier machte einen unsauberen Eindruck. Vor dem Fenster waren mehrere Behälter mit Katzenfutter und ein Trinkgefäß aufgestellt. Unmittelbar daneben befand sich ein Katzenklo, welches mit Katzenstreu gefüllt war. Die Sitzmöbel waren mit Katzenhaaren bestückt. In dem Zimmer befanden sich zwei Katzen, welche auf dem Stubenschrank lagen. In der Luft lag ein beißender, stechender Gestank.

Über eine andere Wohnungsdurchsuchung hieß es:

In dem 1-Zimmer-Appartement befand sich ein Bett, welches durch einen Hund belegt war.

Bei diesem Hund nun fiel die Wertschätzung deutlich höher aus als bei den Katzen. So wurde in der Wohnung zwar nicht das vermutete Rauschgift gefunden, nur allerlei benutzte Rauchutensilien, und der Beschuldigte räumte den Konsum von Cannabis auch unumwunden ein, was strafrechtlich alles ziemlich unbedeutend war, ist der Konsum als solcher doch straflos. Aber da war ja noch dieser Hund, und dem dürfte sich die Polizei schon durch seine in ihren eigenen Reihen dienenden Artgenossen besonders verbunden gefühlt haben.

Im Raum war deutlich der Geruch von gerauchtem Cannabis wahrnehmbar. Es ist nicht auszuschließen, dass das in der Wohnung aufhältige Tier, gerade durch die Sensibilität seines Riechorgans bedingt, ebenfalls durch den Konsum der Substanzen in Mitleidenschaft gezogen worden ist. Inwiefern hier ein Verstoß nach dem Tierschutzgesetz vorliegt, kann derzeit nicht abschließend geklärt werden, bzw. es wird angeregt, das Ordnungsamt der Stadt darüber in Kenntnis zu setzen.

Es gibt natürlich noch weit schädlichere Substanzen zum Einatmen. So wurde bei einer exhumierten Leiche als Todesursache eine Kohlenmonoxidvergiftung festgestellt – ebenso bei einem im Erdgrab befindlichen Hundekadaver. Im Sektionsprotokoll wurde das folgendermaßen zusammengefasst:

Kohlenmonoxidvergiftung bei Zustand nach Exhumierung, auch des Hundes.

Es soll jedoch auch Hunde geben, vor denen die Polizei schlicht Angst hat. Da hatte man zwar am Wochenende einen richterlichen Durchsuchungsbeschluss für eine Wohnung bekommen, in der sich Hanfpflanzen befinden sollten, aber als man zur Tat schreiten wollte, geschah dies:

Bei unserem Eintreffen am Tatort konnten wir zwei Männer mit einem so genannten Kampfhund (ca. 60 cm groß, großer Kopf, kurze Beine, kräftiger Körperbau, weiße Kopf- und Halspartie, brauner Rücken) beobachten, wie diese ins Haus und in die Wohnung gingen.
Aufgrund der Gefährdungslage durch den Kampfhund sowie der polizeilichen Erkenntnisse hinsichtlich der Gewaltdelikte durch den Wohnungsinhaber wurde die Durchsuchung nicht durchgeführt.

Sondern erst am Dienstag durch andere Beamte, und zwar jetzt gewappnet gegen alles, was da kommen möge.

Aufgrund der beschriebenen Gefährdungslage wurden zwei Diensthundeführer, einer mit Schutzausrüstung, angefordert sowie massives Gerät zur Türöffnung mitgeführt.
Vor dem Haus angekommen, konnte ich den Beschuldigten auf dem Flur vor seiner Wohnungstür stehen sehen. Er hatte uns aber offenbar nicht erkannt. Dort vor dem Flur wurde er auch angetroffen. Der «Kampfhund» sah eher aus wie ein zu dick geratener Mops und verhielt sich auch so. Der Beschuldigte war freundlich.

Hier nun ließ Frauchen ihrem kleinen Liebling eine pädagogische Maßnahme der besonderen Art angedeihen.

Hinweisgeber teilt mit, dass eine weibliche Person ihren Hund mehrfach auf den Asphalt geworfen haben soll.

Bei der Auflistung der polizeilichen Maßnahmen wird deutlich, wie schwer es einem tierlieben Beamten werden kann, sich mit solchen Grausamkeiten zu befassen:

Vorblatt gefertigt
durch: POK Meier
Bericht gefertigt
Quälerei – durch: POK Müller

Tierhaltung in Wohnungen ist nicht immer ohne Probleme.

Die Wohnung ist dermaßen zugemüllt, dass bereits Kleinsttiere in die benachbarten Wohnungen durchgedrungen sind.

Das hat natürlich Auswirkungen, wenn die Polizei Farbe bekennen muss.

Anzumerken ist, dass der Flur mit Laminatboden ausgelegt ist. Dieser war im Ursprung offenbar beigefarben. Die Farbe ist jetzt dunkelbraun.

Auch lassen die Schützlinge manchmal das rechte Maß an Dankbarkeit vermissen.

Ich wurde von meinem Minischwein angegriffen und hatte Schnitt- und Bissverletzungen am Unterarm.

Schnitt- und Bissverletzungen. Dass es so etwas tatsächlich in Kombination gibt, weiß auch das Landeskriminalamt, wenn auch aus ganz anderem Zusammenhang.

Die erkennbaren Spurenmuster an den Maschendrahtteilen rühren nach Art und Lage von beißschneidendem/zwickenden Trennwerkzeug her.

Diskutiert wird heutzutage nicht nur die Transplantation von Schweinelebern, sogar Rehwild kommt ins Spiel.

Nach dem Unfall erfolgte eine Rehtransplantation des 3. und 4. Fingers links.

Spenderorgane sind bekanntlich knapp, und so wird verstärkt für den Spenderausweis geworben. Aber alles hat seine Grenzen. Wie hieß es doch in einem Attest:

Jede Überlassung des linken Beines sollte vermieden werden.

18. In dubio torero

Kokain wird wegen seiner weißen Farbe in der Szenesprache bekanntlich auch als Schnee bezeichnet. Und tatsächlich hieß es in einem Kalender-Rezept für ein Weihnachtsgebäck namens «Schneebälle» in der Zutatenliste:

150 g Koksraspeln

Ebenfalls sprachlich verkokst und nach Erfahrung mit Rauschdrogen klingt es, wenn jemand von einer

LSD-Lichterkette

berichtet.

Wer aus den Niederlanden Marihuana einschmuggelt, kriegt es in Deutschland mit Polizei und Justiz zu tun. Seitensprünge oder dergleichen interessieren nicht.

Seit 2007 wurde ich achtmal mit Marianne an der Grenze erwischt.

Hier eine weitere Variante, sogar dreist als Zitat eines Literaturnobelpreisträgers ausgewiesen.

21 Kiefft und Dealt mit Mariejohanna [Grass]

(Weil es grünlich aussieht – es sind die getrockneten und zerkleinerten Blüten und Blätter der weiblichen Cannabis-Pflanze – wird Marihuana umgangssprachlich auch als Gras bezeichnet.)

Crystal Meth ist eine relativ neue Droge mit hohem Suchtpotential. Aber auch bei diesem Thema kommt es zu schrägen Verweiblichungen.

Ich habe den Verdacht, dass mein Proband von Christel Meth abhängig ist.

Albert Lortzing (1801 1851) war ein vielseitiger deutscher Komponist. Nach ihm werden manchmal Straßen benannt. In einem Strafbefehl allerdings hatte Herr Lortzing das Nachsehen gegenüber englischem Adel. Dort war die Rede von einer

Lord-Zink-Straße.

Dagegen alles richtig gemacht hatte es das Göttinger Tageblatt in dieser Überschrift:

Dieseldiebe in der Diesel-Straße

Noch heute sind in der Juristerei lateinische Wendungen durchaus gebräuchlich, beispielsweise für bestimmte Tatumstände oder Rechtsfiguren. Wobei der Grundsatz «in dubio pro reo», im Zweifel für den Angeklagten, eine auch in der Bevölkerung weithin bekannte Formel darstellt. Doch es war genau dieses Latein, das einem Bürger spanisch vorkam. Er schrieb:

Hier hätte kein strafrechtliches Verfahren eingeleitet werden dürfen, und zwar nach dem Grundsatz «In dubio torero».

Olé!

Anzeigeerstatter, ungehalten über die Ermittlungen der Staatsanwaltschaft, wissen dies oft trefflich zum Ausdruck zu bringen.

Wenn Sie, Frau Staatsanwältin, glauben, Sie müssten diesen Betrug der Versicherung auch noch unterstützen, so sind Sie bei mir aber auf dem Holzdampfer gelandet.

Recht zufrieden war er dagegen hier:

Für mich ist jetzt klar, dass ich mit meiner Strafanzeige bei Ihnen viel Zeit vergoldet habe.

Den kritischen Überblick über seine Korrespondenz mit der Justiz behält aber nur, wer amtliche Schreiben tatsächlich liest und nicht etwa zur Wurfsendung degradiert.

Anzeigeerstatter an Staatsanwaltschaft:

Hiermit bitte ich um erneute Zusendung Ihrer bisherigen Schreiben an meine Person. Die bisherigen habe ich ungelesen in den Müll geschmissen.

Wenn ein erboster Anzeigeerstatter nach Erhalt eines Einstellungsbescheids die Staatsanwaltschaft fragt, ob wir denn tatsächlich den Blödsinn glaubten, den wir da verzapften, so sei zu unserer Ehrenrettung der Hinweis erlaubt, dass manchmal wirklich geradezu Verrücktes von uns erwartet wird.

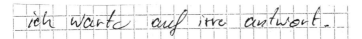

Wie nicht anders zu erwarten, gerieten auch diesmal wieder etliche Begriffe ins Trudeln, wobei zum Teil auch Spracherkennungsprogramme ihr Unwesen getrieben haben dürften.

Da ging es trotz Baumängeln recht sinnenfroh zu und verwandelten sich korrodierende in
kopulierende Rohre,
da traute man Sachverständigen, die sich mit einer Wertanalyse beschäftigen sollten, weit mehr zu, und zwar eine
Weltanalyse,
da war man geneigt, «Prost!» zu wünschen, als es unter «ausgeübte Tätigkeit» hieß:
Handel mit gebrauten Kraftfahrzeugen und Einzelteilen,
da wunderte man sich, als das Hauptzollamt den Beruf eines Beschuldigten mit
Krankentransporter angab,
da stutzte man, als die Polizei meinte, es stehe etwas nahezu fest, und zwar
mit an Wahrscheinlichkeit grenzender Sicherheit,
da war man erstaunt über die Chronologieschwäche der Polizei, als sie beklagte, für die weiteren Ermittlungen fehlten noch Angaben, und zwar
über den chronischen Verlauf der Vertragsverhandlungen,
da hatte jemand scheinbar ein gutes Timing und fasste einer fremden Frau
rechtzeitig an den Po, was in Wahrheit rechtseitig geschah,
und da mochte ein Urteil wie eine Bombe eingeschlagen haben, trotzdem ging es danach um die Rechtskrafterteilung und nicht um eine
Rechtskraterteilung.

Auch heißt es immer noch Kaffeepads und nicht
Kaffeepelz,
es heißt auf Pflanzenbasis und nicht
auf Lanzenbasis,
es heißt Lagerist und nicht
langer Riss,
es heißt Stuntman-Ausbildung und nicht

Standbein-Ausbildung,
es heißt schwer erziehbar und nicht
schwer erzielbar,
es heißt Hauptschulkurs und nicht
Hauptschuldkurs,
es heißt die mit Klammer versehenen Blätter und nicht
die mit Klammer versehrten Blätter,
es heißt zweischneidiges Schwert und nicht
zweideutiges Schwert,
es heißt Enkelkinder und nicht
Engelkinder,
es heißt vorsätzliches Fahren ohne Fahrerlaubnis und nicht
(obwohl dann dringend anzuraten)
vorsichtiges Fahren ohne Fahrerlaubnis,
es heißt Stehlampe und nicht
Stehschlampe,
es heißt Bikinifigur und nicht
Bikinifrisur,
es heißt Vorführungsraum und nicht
Verführungsraum,
es heißt Oberarzt und nicht
Oberharz,
es heißt Leberzirrhose und nicht
Leberzerrhose,
es heißt Bankert-Läsion (eine spezielle Verletzung des Schul-
tergelenks) und nicht
BahnCard-Läsion,
es heißt 180 km/h und nicht
180 Keimhaar,
es heißt beim Diebstahl im besonders schweren Fall «durch
eine Schutzvorrichtung» und nicht
*durch eine Schussvorrichtung gegen Wegnahme besonders ge-
sichert,*
es heißt Fußwurzelbruch und nicht
Furzwurzelbruch,

es heißt Mund-zu-Mund-Beatmung und nicht
Mund-zu-Mond-Beatmung,
es heißt Eiterbildung im Unterkiefer und nicht
Weiterbildung im Unterkiefer,
es heißt Masern, Windpocken und Röteln und nicht
Masern, Windpocken und Brötchen,
es heißt ich habe den Arbeitsplatz wegen einer Umstrukturie-
rung verloren und nicht
wegen einer Umfrakturierung,
es heißt ruiniert und nicht
uriniert,
es heißt Goldschmuck und nicht
Golfschmuck,
es heißt Intimpiercing und nicht
Intimwirsing,
es heißt Bettnässer und nicht
Bettmesser,
es heißt Distanzlosigkeit und nicht
Distanzlustigkeit,
es heißt psychotische Dekompensation und nicht
schottische Dekompensation,
es heißt freiwillige Gerichtsbarkeit und nicht
fragwürdige Gerichtsbarkeit,
es heißt Befangenheitsantrag und nicht
Gefangenheitsantrag,
es heißt ich bete viel für meine Eltern und nicht
ich biete viel für meine Eltern,
es heißt wir aßen einen Burger und nicht
wir aßen einen Bürger,
es heißt Plombendraht und nicht
blonder Rat,
es heißt Justizvollzugsanstalt und nicht
Kiezvollzugsanstalt,
es heißt Schuldfähigkeit und nicht
Schulfähigkeit,

es heißt Osterfeiertage und nicht
Osterfeuertage,
es heißt angebohrt und nicht, auch wenn jemand auf Draht
sein mag,
die Antenne war angeboren,
es heißt Maßregel-Vollzug und nicht
Marsriegel-Vollzug,
(denn ein Zuckerschlecken ist es nun wirklich nicht),
und es heißt Zentrale Regierungsgebühr und nicht etwa
Zentralerigierungsgebühr.

Patienten, die an Mutismus erkrankt sind, haben eine Kommu-
nikationsstörung, sie leiden an psychogenem Schweigen.
In einer Stellungnahme über einen stationären Aufenthalt
klang es aber eher so, als gälte es, exhibitionistische Neigungen
zu therapieren.

Der Patient hat das nudistische Verhalten abgebaut.

Überhaupt medizinische Fachbegriffe. Ein Betreuer berichtete
von Arztbesuchen des Betreuten

wegen Schand und Ständ zur Versorgung des Annarismas.
(Stent, Shunt, Aneurysma)

Oder auch von einer *Inderprothese* (Endoprothese).

Einen anderen plagten Schwindelattacken, nachdem er böse
was aufs Dach gekriegt hatte. Aus dem Attest:

Wir diagnostizierten Schindelattacken mit Synkopen.

Wussten Sie übrigens, dass auch Zeugen zuweilen von Schwindelattacken heimgesucht werden? Das diagnostiziert die
Staatsanwaltschaft dann in einer Anklage als Falschaussage.

Geschrieben wie gehört, das ist nicht nur eine beliebte Recht-schreibregel, auch Spracherkennungsprogramme ticken so, wie auch sonst. Und wie wundersam sie ticken, das zeigte uns hier ein Anwalt, dessen Schriftsatz unmittelbar vor seiner alles absegnenden Unterschrift so endete:

Sollte das Gericht weiteren Rechte Sachvortrag für erforderlich halten, wird um einen entsprechenden Messgeräten.

Vielleicht: ... einen entsprechenden Hinweis gebeten? Wir wissen es nicht.

Damit nicht genug, die Spracherkennungsprogramme ticken auch auf der Höhe unserer Zeit. Als ein Zivilrichter diktiert hatte, seine Entscheidung solle «gegen EB», also gegen Emp-fangsbekenntnis, rausgehen, staunte man in der Geschäftsstelle nicht schlecht.

Verfügung
1) Beschlussausfertigung an beide Parteivertreter gegen eBay.
2) Frist: 10 Tage nach eBay.

Fraglos also übt unser Medienzeitalter Einfluss auf unsere deutsche Sprache aus.

Aus einem Gutachten:

Mit 12 Jahren habe er links einen Schlüsselbeinbruch erlitten und gleichzeitig die Schulter ausgegoogelt gehabt.

Noch jenseits von Spracherkennungsprogrammen und damit orthographisch geradezu altbacken ging es dagegen hier zu:

Wo ich die Drogen hinbringen sollte, erfuhr ich immer erst, wenn ich wieder in Deutschland war. Das ging per E-Mehl.

Sage mir also am Ende keiner, es ließe sich nicht für jedes Fremdwort auch ein deutscher Begriff finden.

Gleich am Parkplatz hatte sich unsere Klicke getroffen.

Recht so.

Recht unterhaltsam

Christian Fahl
Jura für Nichtjuristen
Sieben unterhaltsame Lektionen
2., durchgesehene Auflage. 2012. 269 Seiten. Paperback
Beck'sche Reihe Band 1828

Jochen Zenthöfer, Christian Rauda
Wem gehört eigentlich … der Kölner Dom?
66 juristische Kuriositäten
2010. 167 Seiten mit 8 Illustrationen
von Reinhard Blumenschein. Paperback
Beck'sche Reihe Band 1971

Claus Murken
Der kleine Rechthaber
Wem gehört die Parklücke und andere juristische Überraschungen
2008. 174 Seiten mit 14 Abbildungen. Paperback
Beck'sche Reihe Band 1840

Claus Murken
Der kleine Rechthaber. Folge 2
Haften Eltern für ihre Kinder? und andere juristische Überraschungen
2009. 192 Seiten. Paperback
Beck'sche Reihe Band 1894

Nicola Lindner
Jura für Kids
Eine etwas andere Einführung in das Recht
2., überarbeitete und aktualisierte Auflage.
2015. 206 Seiten mit 10 Abbildungen. Paperback
Beck Paperback Band 6066

Verlag C.H.Beck München